平頂山事件とは何だったのか

裁判が紡いだ日本と中国の市民のきずな

編著 平頂山事件訴訟弁護団

高文研

平頂山事件とは何だったのか

はじめに

一九九六年、中国人の戦後補償問題の一つである「平頂山事件訴訟」が東京地方裁判所に提訴された。「平頂山事件」とは、一九三二年九月一六日に、中国東北地方の炭鉱都市、撫順《ぶじゅん》の近郊にある「平頂山」集落で、日本軍が中国の一般市民三〇〇〇名余りを虐殺した事件である。訴訟の原告となったのは、虐殺事件から奇跡的に生還した莫徳勝《ばくとくしょう》、楊宝山《ようほうざん》、方素栄《ほうそえい》さんという三人の老人（中国では生存者のことを「幸存者」と呼ぶ）たちであった。

弁護団は悪戦苦闘しながら、高齢の幸存者たちと交流し、日本国内での支援要請や平頂山事件の研究を行い、裁判の勝利を信じて奮闘した。最初はお互いに疑心暗鬼であった原告たちと弁護団がやがて心を通わせるようになる。日本国内ではほとんど知られていなかった平頂山事件であるが、市民たちの支援組織ができ、中国の市民たちとも交流が始まる。

本書は、こうした一〇年間に及ぶ試行錯誤と心の交流の記録である。第一章では、平頂山事件の概要と歴史的背景を簡潔に記載した。第二章では、裁判での証拠をもとに、原告たちの平頂山事件の体験を再構成した。第三・四章では、原告たちと弁護団や日本の市民たちの悲喜こもごもの活動と心の交流の過程を書いた。苦しかったこと、楽しかったこと、悲しかったこと、嬉しかったことを、ありのまま、率直に記載した。

本書をまとめることができたのは、中国の幸存者と支援者、日本の支援者の方々のおかげである。私たちをこの事件に引き合わせてくれた故・莫徳勝さん、楊宝山さん、方素栄さん並びに楊《よう》玉芬《ぎょくふん》さん、中国側の支援活動で中心的な役割を果たされた撫順市社会科学院院長の傅波先生、平頂山殉難同胞紀念館・前館長の肖景全先生ほか「声援団」の各先生方に対し、心から尊敬と感謝の意を表するものである。日本国内では、「平頂山事件の勝利をめざす実行委員会」「中国人戦争被害者の要求を支える会」をはじめ、多数の方々のご尽力を得ることができた。駿河台大学の井上久士教授には、今日まで多大なるご協力を賜った。

ここに、これまでご協力いただいたすべての皆様に、改めて深く感謝の意を申し述べる次第である。

最後に、遅々として進まない弁護団の執筆に辛抱強く付き合い、何とか出版にまでこぎつけてくれた高文研の飯塚直さんに、深くお礼を申し上げたい。

二〇〇八年七月一八日

平頂山事件訴訟弁護団

●——もくじ

はじめに　2

第Ⅰ章　平頂山事件とはなにか

❖炭鉱の街・撫順　17
❖平頂山の街並み　18
❖平頂山事件の歴史的背景　20
❖満州事変と「満州国」建国　21
❖反満抗日闘争——撫順炭鉱攻撃事件　24
❖住民虐殺の謀議　26
❖虐殺の実行　29
❖今も改められていない日本政府の公式見解　30

第Ⅱ章　平頂山事件を生きのびた人々

❖最後の〝満月〟　35
❖突然の「訪問者」たち　39

❖虐殺の現場　45
❖隠し続ける生活　56
❖日本の敗戦と解放後の混乱　59

第Ⅲ章　手探りで始まった裁判──「国家無答責」の壁に挑む

❖幸存者と日本人弁護士との出会い　67
❖中国人戦争被害賠償請求事件弁護団の結成　68
❖平頂山事件弁護団の結成　70
❖初めての訪中調査──一九九七年一月　73
❖裁判を支える市民の運動　77
❖お金が無い！　どうする二〇〇万円　79
❖莫徳勝さんの初来日と第一回口頭弁論　81
❖莫徳勝さんの意見陳述　82
❖通訳・藤井玲子さんの涙　85
❖平頂山事件についての資料がない！　研究者もいない！　88
❖第二回弁護団訪中調査──一九九七年一一月　89
❖莫徳勝さんが主催してくれた晩餐会　92
❖第三回訪中調査──一九九九年一一月　94

❖忘れられない旅 95
❖楊宝山さん、方素栄さんの初来日と原告本人尋問 96
❖最大の壁――国家無答責の法理 100
❖莫徳勝さんの本人尋問 103
❖初めて知った莫さんの気持ち 104
❖原爆資料館での莫さん 108
❖一審判決「国家無答責」で敗訴――二〇〇二年六月二八日 110

第Ⅳ章 信頼と和解――裁判が結びつけた人々の絆

❖「平頂山同胞殉難七〇周年公祭大会」への参加が転機に 119
❖控訴審の闘いへ 125
❖莫徳勝さん、渾身の訴え――二〇〇三年二月一七日 127
❖莫さんにとって、平頂山事件の解決とは何ですか？ 129
❖莫徳勝さんのお見舞い 132
❖楊宝山さんの事件後の足跡をたどる 134
❖莫さんからの手紙 138
❖「除斥」の壁に挑む 139
❖社会科学院と平頂山紀念館の全面的な協力 141
❖井上意見書――歴史の中の平頂山事件 143

❖裁判提訴までの険しい道のり 146
❖ドキュメンタリー「未だ癒えぬ傷」の製作 151
❖方素栄さんの本人尋問と井上久士教授の証人尋問 152
❖七人の弁護士による最終弁論――二〇〇五年二月一八日 154
❖中国中央電視台が全国放送 159
❖「平頂山事件の解決」とは何か 160
❖もう一人の幸存者・楊玉芬さんとの出会い 162
❖撫順に裁判の「声援団」ができた 164
❖二審判決「国家無答責」で敗訴――二〇〇五年五月一三日 166
❖「最後の勝利は私たちにあると確信している」 168
❖莫徳勝さん逝く――二〇〇五年五月二三日 169
❖最高裁上告棄却――二〇〇六年五月一六日 170
❖日中市民による共同声明 172

「愛人主義」の勝利――あとがきにかえて 182

◆平頂山事件訴訟＝関連年表 189

中国東北(旧満州)地方全図

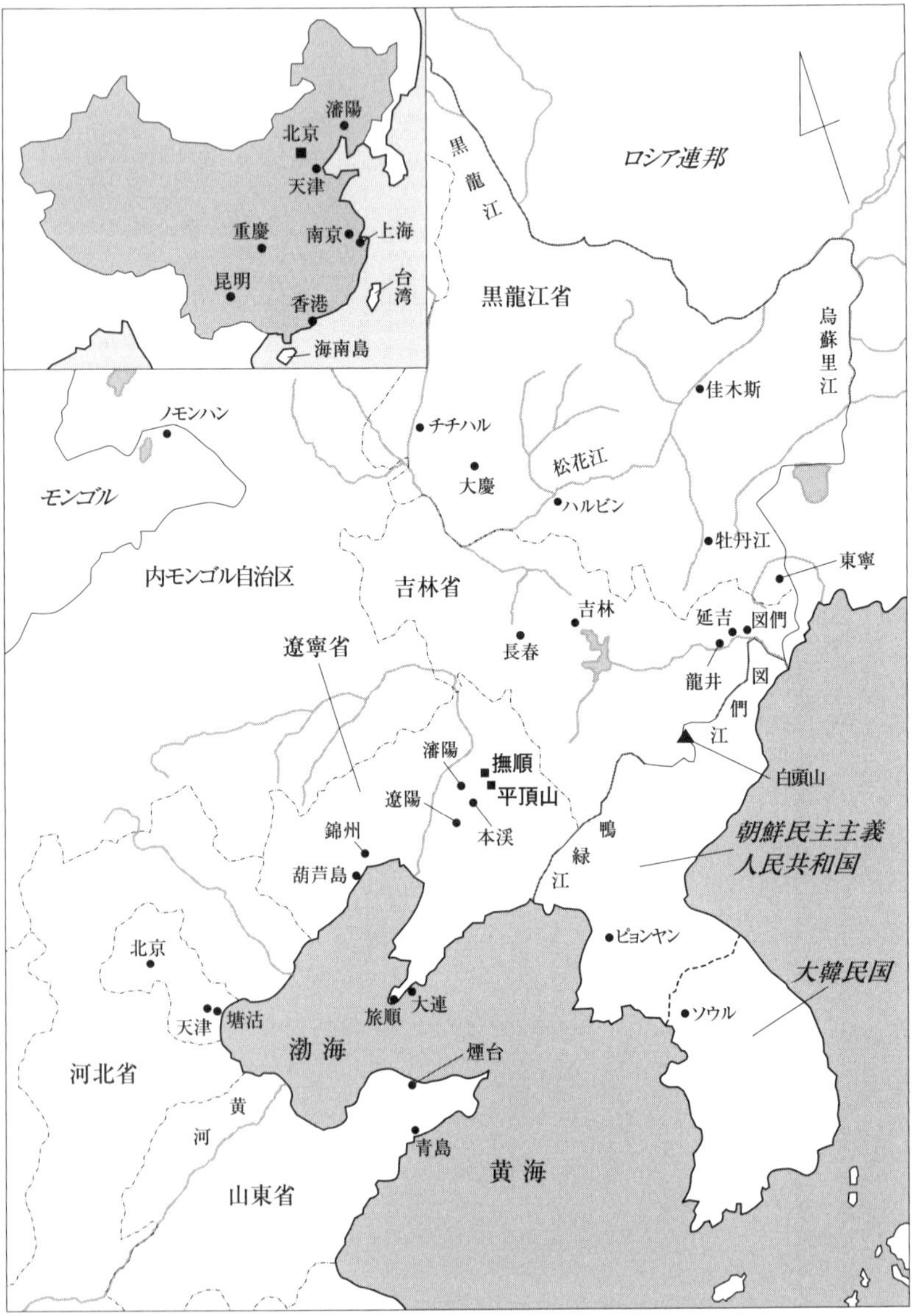

撫順城駅
撫順
戦犯管理所
新城東路
渾河
寧遠街
渾河
渾河南路
永寧街
撫順駅
「満州」時代、
「永安台」と呼ばれた
地区
中央大街
←千金寨
南台駅
東露天坑
南陽路
礦務局駅
東崗駅
南昌路
老虎台駅
西露天坑
栗子溝駅
平山駅
平頂山殉難同胞紀念館
劉山駅
千金堡
↓
撫順・平頂山関連図

装丁＝商業デザインセンター・増田 絵里

※記事中、写真提供者の明示のない写真は、弁護団、中国人戦争被害者の要求を支える会、平頂山事件の勝利をめざす実行委員会が撮影したもの。

第Ⅰ章

平頂山事件とはなにか

現在の撫順炭鉱

北京空港から北へ向かって飛び立ったジェット機は、一時間ほどで遼寧省《りょうねいしょう》の省都、瀋陽《しんよう》郊外の空港へと降り立つ。季節が冬なら、空調がほどよく効いている近代的な瀋陽空港を出たとたん、吸い込んだ冷たい空気が肺を刺すような感覚に一瞬たじろぎ、そして今さらながらここが中国東北部であることに気づかされる。

空港から車で高速道路を約一時間、凍りついた茶色い大地をながめながら東へ東へと進むと、やがて、車窓の景色が巨大な集合住宅群や化学工場へと変わり、いよいよ撫順市内に入ったことがわかる。かつて「煤都《ばいと》」と呼ばれるほど石炭産業で賑《にぎ》わっていた撫順の周辺には、いまも石炭を原料とした化学工場が多い。冷たい空気の中で嗅覚をとぎすませば、何となく石炭の臭いがする。車が市街地へ入ると間もなく、デパートやホテルが密集している繁華街を通過する。この地区の北側には、一九三〇年代に建築された撫順駅の駅舎が今も当時のままの姿で建ち、夜は美しくライトアップされている。さらに市内へと進んで住宅街を抜け、今度は南の方へと向きを変えると、やがて住宅街は途切れ、郊外へと抜けて行く一本道となる。

昔ながらの煉瓦《れんが》でつくられた古い平屋住宅が点在するその一本道を進むと、突然、車窓からの視界が、雲の上にでも出たかのように大きく広がる。そこには、一つの街なら簡単に飲み込んでしまうほど広く深い谷間が、まるで地獄の底が開いたよう黒々とひらけている。これが、かつて「東洋一」と呼ばれた撫順炭鉱である。数年前に石炭の採掘は終了しているが、それまで一〇〇年

2007年にリニューアルされた平頂山殉難同胞紀念館

以上もの長い間、人間の力で下へ下へと露天掘りを進められていった炭鉱の中は、よく見るとすり鉢状の底へ向けて、石炭を運び出す貨車用の線路がいくつもらせん状に広がっている。

眼下に広がる炭鉱の眺望にしばし気をとられながら、さらに郊外へと進むと、数分後には、「撫順市平頂山惨案紀念館」（「惨案」とは、惨殺事件とか虐殺事件の意）という看板が掲げられた建物の門前へと着く。二〇〇七年にリニューアルされたこの施設の門の中に入ると、大きな広場の正面に美術館に似た外見の「撫順市平頂山殉難同胞紀念館」（平頂山紀念館）が建ち、少し離れた小高い丘の頂には「平頂山殉難同胞紀念碑」と刻まれたコンクリート造りの大きな塔が立っている。塔のある小高い丘から長い階段を下って行くと、「平頂山惨案遺址紀念館」（遺骨館）がある。

遺骨館の中は薄暗く、静寂に包まれている。部屋の中央は地面がむき出しになり、ガラス越しに掘り出した地面のようすが見られるようになっている。覗いた者は誰しも、その光景に息を呑む。そこには、いくつもの折り重なった白骨が、累々と地面に横たわっている。今にも崩れて土にかえりそうな、一見して子どもとわかる小さな骨がある。母親であろうか、小さな子どもの骨に覆い被さるように倒れている大人の骨もある。今はもう真っ黒な穴でしかないふたつの目が、まるでこちらをにらんでいるように見える。見渡す限り地面に広がるたくさんの遺骨は、まるで何十年も閉じこめられた地面から、地上にいる生者に何かを訴えかけるため、自ら這い出てきたようにも見える。

ここが、一九三二年九月一六日、当時撫順に駐屯していた日本軍（独立守備隊第二大隊第二中隊）によって、平頂山地区の住民三〇〇〇人余りが崖下の平地に追い立てられ、一斉に機銃掃射を浴びせられて虐殺された「平頂山事件」発生の、まさにその現場である。

事件直後、日本軍の指示により遺体は日本人炭鉱職員らによってガソリンがかけられて燃やされたうえ、ダイナマイトで爆破した崖の土砂によって完全に隠蔽《いんぺい》された。戦時中、中国人にとって、この大虐殺事件のことを口にすることは完全にタブーだった。

その後、長い間遺体は地中に埋没したままだったが、事件後四〇年ほど経った一九七〇年になって、ようやく中国政府の手によって掘り起こされ、累々と連なる遺骨の上を覆うように、遺骨館

平頂山惨案遺址紀念館（遺骨館）内に累々と横たわる白骨

が建てられた。そして現在に至るまで、虐殺されたそのままの状態で保存されている。

目の前の白骨の群れを眺めていると、様々な疑問が頭の中を駆けめぐる。

なぜ、このような悲道な虐殺が行われたのだろうか。殺された人々はどんな思いで死んでいったのだろうか。そして、殺戮《さつりく》に手を染めた日本の兵士らに葛藤は無かったのだろうか。

ここに連なるたくさんの遺骨の群れは、生きている私たちに、何を語りかけているのだろうか。

✴炭鉱の街・撫順

平頂山事件が起きた一九三〇年代初期、中国東北部の一都市の撫順には、日本人が約一万八〇〇〇人も住んでいた（ちなみに同時期に住んでいた朝鮮人は約四〇〇〇人、中国人は約四四万五〇〇〇人といわれている〈『日本都市大観・附満洲国都市大観』［大阪毎日新聞社、一九三三年」より〉）。

このうち約一万人が、日本の国策会社である満鉄（正式名称「南満州鉄道株式会社」）の社員とその家族で、そのほとんどは市内東側にある永安台と呼ばれる住宅地区に住んでいた。永安台地区は広さが約一〇〇〇ヘクタール以上、道路が放射線状に延び、その道路に沿って整然と住宅が立ち並ぶ典型的な計画都市だった。また、各住宅には集中暖房システムが取り入れられるなど、当時としては画期的な近代設備をもつ高級住宅街でもあった。満鉄が経営していた撫順炭鉱で大量に掘り出された石炭は、ここに住む日本人にとって、まさに「富」の源泉だった。

炭鉱従業員のための社宅（写真提供・平頂山紀念館）

このように、撫順市内に住む日本人が本国の日本人でさえ想像もつかないほど高級な住宅で快適に暮らしていた一方で、その周囲に住んでいた多くの中国人や朝鮮人は、粗末な土壁でできた小さな住宅に住み、厳冬の寒さに身を寄せ合いながら、日本人の経営する炭鉱で日々過酷《かこく》な労働に従事していた。

当時、「満州国」とされていた中国東北部は、様々な民族が協力して平和に暮らす、「五族協和」（満州民族・漢民族・蒙古民族・朝鮮民族・日本民族）の美名のもとに成り立っているとされていたが、実態は、日本の植民地以外の何ものでもなかった。石炭で潤《うるお》う炭鉱の街・撫順のようすは、実は日本の植民地支配をあらわす典型的な街のようすでもあった。

✶平頂山の街並み

後に平頂山事件の舞台となる平頂山の集落は、撫順炭鉱で働く中国人が多く住む、撫順郊外の商業地であり住宅地だった。

平頂山の集落があった場所は、もともとは採砂場であった。小高い丘の上から砂を採っているうちに、だんだんと頂上が平らになり、さらには窪みが生じ、東と西の小高い丘に挟まれた凹地に集落ができた。砂を採ることで小高い丘の頂上が平らになったことがその名の由来であるとされている（採取された砂は撫順炭鉱に運ばれ、落盤や地盤沈下を防止するために、廃坑に埋められた）。

一九三〇年代当時の平頂山の街並みは、中央に南北に走る一本の大通りがあり、それと交差して何本かの東西に走る不規則な小道が繋《つな》がっていた。大通りの東と西には、八〇〇戸以上の家が、東は小高い丘の上まで、西は丘の麓《ふもと》までひしめき合っていた。

集落の西側は店舗や旅館、質屋などが建ち並び、主に炭鉱労働者相手の商売が盛んであった。現在知られているだけでも、当時理髪店が二軒あり、漢方医、米屋、雑貨商、時計屋、煎餅《せんべい》屋、豆腐屋、八百屋、花屋などがあり、とても賑わっていたと言われている。また、平頂山は集落の南側にある千金堡などの農村から、撫順郊外の工場地帯へと農産物を供給するための交易地でもあった。

平頂山は、路地で遊ぶ子どもたちの笑い声、商店の前での物売りのかけ声が響く、活気溢《あふ》れる街だった。炭鉱で働く労働者やその家族、近隣から農作物を運んでくる農民、彼らを顧客にする商売人たちの、平穏な日々の生活がそこにはあった。

この集落が、一九三二年九月一六日を境に、この地球上から完全に姿を消すことなど、誰も予想もしていなかった。

＊平頂山事件の歴史的背景

日本は、日清戦争（一八九四〜九五年）で勝利して台湾を領有し、さらに日露戦争（一九〇四〜〇五年）によって、中国東北地方の農産物や石炭などの資源を支配するために帝国主義的な特権（一般に「満蒙特殊権益」と呼ばれていた。なお、満蒙特殊権益の「特殊」とは、治外法権・租界の設定などのような列国が有する一般権益に対し、日本のみが「満蒙」で排他的に独占する帝国主義的権益をさしている）を持つようになった。これは明らかに中国の国家主権を侵害するものであったが、当時の日本はその認識が乏しかった。

とくに中国東北地方については、一九〇五年のポーツマス条約および日清満州善後条約により、日本はロシアがもっていた遼東半島南部の租借権を獲得し、ここに関東州を設けて監督官庁として関東総督府が設置され（翌〇六年に「関東都督府」）、関東総督の指揮下に約一万人の日本軍が駐留することとなる。この部隊が、のちに平頂山事件を起こす「独立守備隊」の前身である。一九一九年には関東都督府が、軍事部門を担当する関東軍と行政部門を担当する関東庁とに分割された。ここに、天皇に直属し、中国東北部の「防備」と南満州の鉄道路線の「保護」を任務とする関東軍が名実ともにでき上がった。

一九〇六年に設立された満鉄は、鉄道の経営のほか、撫順炭鉱などの炭鉱や製鉄会社などを経営し、鉄道付属地の行政権も与えられた一大国策会社であった。撫順炭鉱は、一九〇七年に、当初管理していた日本陸軍から満鉄に引き継がれたものである。撫順炭鉱の石炭の推定埋蔵量は、九億五二〇〇万トン（一九〇七年当時）といわれ、世界有数の規模を誇っていた。日本は、この撫順炭鉱の石炭などの埋蔵資源、大豆に代表される農産物を収奪するとともに、日本本土の五倍もの広大な領土を手に入れることで、昭和初期の不況にあえぐ日本経済の活路を開くなどの目的のもと、「満州」侵略を進めていく。

このように、「満蒙特殊権益」は、満鉄・関東庁・関東軍を機軸とするもので、日本はこの権益を守り拡大させる中で、中国に対する侵略政策を遂行していった。満州事変や日中全面戦争が起こった原因の根底には、「満蒙特殊権益」の保持と拡大という欲求があった。

✷満州事変と「満州国」建国

第一次世界大戦（一九一四〜一八年）以降、ナショナリズムが世界の大きな潮流となり、中国においても国民の民族的自覚と民族運動が発展した（一九一九年五月四日、北京・天安門前で三〇〇〇人以上の学生が集まり、デモ行進をした＝五・四運動）。

一九二〇年代半ばになると中国では、軍閥（軍人政治家）が握る中華民国政府（いわゆる「北京政府」）に反対し、国民党を中心に国民革命運動が高まり、一九二七年四月には、南京に新しい中華民国政府（いわゆる「南京国民政府」）が成立した。翌二八年六月四日、北京政府の中心にあった張作霖《ちょうさくりん》が、蒋介石《しょうかいせき》率いる国民革命軍に追われ、根拠地・奉天（現・瀋陽）に向かう途中、奉天郊外の皇姑屯で列車もろとも爆殺された。張作霖爆殺の指揮を執ったのは、関東軍高級参謀河本大《こうもとだい》作《さく》大佐で、張作霖の帰還により、関東軍の満州支配の〝障碍《しょうがい》〟となるのを嫌ったための暴挙と言われている。

その後、後を継いだ息子の張学良《ちょうがくりょう》は、南京国民政府への合流・連携の方針を進めるようになる。このような中国における統一国家の形成と主権回復を求める新しい動きに対して、日本は、「わが国の国益が脅かされる『満蒙の危機』である」と騒ぎたて、中国ナショナリズムの前に立ちはだかった。

関東軍作戦主任参謀の石原莞爾《かんじ》は、一九三一年五月の「満蒙問題私見」のなかで、「満蒙ハ正シク我国運《わがこくうん》発展ノ為《ため》最重要ナル戦略拠点」であると述べたうえで、「満蒙問題ノ解決策ハ満蒙ヲ我領土トスル以外絶対ニ途《みち》ナキコトヲ肝銘《かんめい》スルヲ要ス」とする満蒙領有論を展開した。また、陸軍中央も、張学良政権の「排日」政策をやめさせられない場合は、「軍事行動ノ已《や》ムナキニ到《いた》ル」と武力行使の必要性を主張した。こうした満蒙領有論は、「支那人カ果シテ近代国家ヲ造リ得ルヤ頗《すこぶ》ル疑問ニシテ寧ロ《むし》我国ノ治安維持ノ下ニ漢民族ノ自然的発展ヲ期スルヲ彼等ノ為幸福ナルヲ確信スルモノナリ」、つまり、中国人は劣っているので近代国家を建設できないから、日本が中国人の幸福のために作ってやるのだとする中国への蔑視《べっし》観を土台としており、それが当時の日本の支配層の共通した意識でもあった（角田順編『石原莞爾資料――国防論策編［増補版］』原書房、七七ページ）。

一九三一年九月一八日の関東軍による自作自演の満鉄線爆破事件（＝柳条湖事件、中国では「九・一八事変」と呼ばれている）を契機に引き起こされたいわゆる満州事変は、こうした侵略計画の実現であった。柳条湖事件そのものが虚偽でかためられていたばかりでなく、それは国際連盟の一員でもある主権国家・中華民国の一部を武力で占領するという、まぎれもない侵略行為であった。しかし、日本政府は、関東軍の軍事行動を自衛のためと正当化して追認し、関東軍は戦線を拡大して、翌三二年二月には、中国東北地方の主要都市と鉄道線を支配下に置くに至った。

中国政府は、この日本の軍事行動を国際連盟に提訴していたため、日本は、さすがに中国東北地方を日本の領土に組み入れることはできず、独立国として日本の「保護」の下に置くこととし、国際連盟のリットン調査団が現地に到着する以前に既成事実をつくるため、清朝最後の皇帝であった溥儀《ふぎ》を執政に擁して、一九三二年三月一日、傀儡《かいらい》国家「満州国」の建国を宣言した。

✴反満抗日闘争――撫順炭鉱攻撃事件

満州事変に対して南京国民政府は、国際連盟に提訴したが、軍事的には日本への不抵抗政策をとった。しかし南京国民政府の不抵抗政策にもかかわらず、上海・南京などの都市では抗日の集会や抗議運動がひろがり、東北地方では、住民の反日感情を背景にして自然発生的な武装抵抗運動（抗日義勇軍の結成）が起きた。

こうした事態に対抗して、関東軍司令部は、参謀長の名の下に「厳重処分」という苛烈《かれつ》な処刑権を許可する通達を下した。これにより、第一線の部隊長は、「匪賊《ひぞく》」（抗日分子）とみなし次第、厳重処分に付する権限を与えられることになる。関東軍参謀長は、「厳重処分とは兵器を持ちうる儀なり」と説明し、これにより、憲兵隊は厳重処分を即処刑と解釈し、司令部はこれを黙認し、次第に普遍化されていったといわれている。

特に、柳条湖事件一周年を目前にした一九三二年九月一五日の前後は緊張が高まっていた。日本が正式に「満州国」を国家として認める「日満議定書」調印と重なり、様々な反満抗日の動きが察知されていた。関東軍は一九三二年九月以降、重点地区に兵力を集中し、抗日義勇軍を各個撃破して徹底的に討伐するとともに、敵を包囲して殲滅《せんめつ》するという方針を採用し、それを通達によって各部隊に徹底させていた。

撫順新報
號外
（大正十年四月一日第三種郵便物認可）
昭和七年九月十六發行

大刀會匪突如襲來
守備隊、警察
防備隊奮戰擊退
敵の死體五十余發見

九月十五日午後十一時五十分突如西龍山に現れたる大刀會匪は（二百乃至五百と稱するも數不明）まづ楊柏堡火藥庫を襲ひ、次いで東郷採炭所、楊柏堡社宅、華工宿舍を襲撃、遼原の火の如き勢を以て楊柏堡採炭所事務所、東ヶ岡採炭所事務所、老虎台採炭所事務所を阿修羅の如き形相をもって各採炭所事務所或は社宅に放火し、日本人に十數名の死傷者を或は戰死者を出さしめ未曾有の大事件を惹起せしめるに至った

炎々と

軍警防備隊

敵を急追

抗日義勇軍が撫順炭鉱を攻撃したことを伝える『撫順新報』の号外記事（写真提供・井上久士氏）

抗日義勇軍の撫順への攻撃の情報は、同年八月から流布していた。当時、撫順には、独立守備隊第二大隊第二中隊が駐屯し、そのほか退役軍人からなる防備隊、憲兵隊、警察隊などが現地で組織されていた。独立守備隊第二大隊第二中隊の隊長は川上精一大尉であり、その下に井上清一中尉などが指揮をしていた。八月三一日には、抗日義勇軍が炭鉱のあった本溪湖（現在の本渓市）を攻撃し、独立守備隊との市街戦となった。さらに九月六日には、抗日義勇軍組織「遼寧民衆自衛軍」（大刀会）と張学良の部隊が七日に撫順を攻撃するとの情報を得て、撫順の司法科長や警務局長等の一斉検挙を行った。司法科長らは、「満州国」の役人であるが、七日の撫順攻撃と同時に抗日義勇軍側につく計画であった、と当時の日本の新聞は報じた。表面的には日本に協力的に見える中国人も、実は抗日義勇軍と密かに連絡を取っ

ているかもしれないという日本軍側の不安と猜疑心《さいぎしん》が、この事件によりいよいよ強まったことは想像に難くない。

こうした関東軍の厳重警備態勢にもかかわらず、九月一五日深夜から翌一六日未明にかけて、大刀会による撫順炭鉱攻撃事件が発生した。事件の第一報を伝えた現地の日本語新聞『撫順新報』九月一六日号外は、「大刀会匪突如襲来、守備隊、警察、防備隊奮戦撃退、敵の死体五十余発見」との見出しで報道している。それによれば、独立守備隊は川上隊長の指揮の下に全員が出動し、敵二〇余名を倒し、逃走する敵を追いかけ、四散させて午前五時に独立守備隊の本部に引揚げたとされている。この攻撃による日本側の死者は五人、負傷者は七人であった。日本軍は完全に面目を失う結果となった。

✴住民虐殺の謀議

抗日義勇軍が撤退した後、独立守備隊首脳部は、一六日未明に、急きょ会議を召集する。そのときの謀議のようすについては、当時撫順県政府外事秘書として日本軍に協力をしていた中国人、于慶級の調書に詳しい。

それによれば、九月一六日午前六時、小川憲兵分遣隊長の執務室に、川上精一中隊長、小川憲兵分遣隊長、山下満男東郷採炭所労務係、そして于慶級が集まった。そこで川上中隊長が、「昨晩

炭鉱事務所（写真提供・平頂山紀念館）

大刀隊が撫順鉱区に進攻したのは、栗家溝などの村を通って来たものだ。派出所の報告によれば、まずその村を通らなければならない。村民は知っていて派出所に報告しなかったから、われわれは大きな損失を蒙った。彼らは匪賊と通じていると判断できる。今この村の処理問題について相談したい」と述べたとされている。そして、山下が「どう処理しますか」と聞くと、川上中隊長は、「徹底的に殺しつくし、焼きつくす」と答えたという（『罪行・罪証・罪責』撫順市社会科学院・撫順市平頂山紀念館〈傅波・肖景全編〉、遼寧民族出版社、二〇〇二年）。

　川上中隊長等との協議の後、小川憲兵分遣隊長は、憲兵隊の会議を招集したという。そこで小川憲兵分遣隊長は憲兵隊員に対し、平頂山住民の掃討について説明し、兵力は主に独立守備隊であり、憲兵隊はその援護が任務であること、虐殺の実行行為、住宅の焼却、死体の処理などはすべて守備隊が担当することなどが告げられたという。

その後、住民をどのような方法で虐殺現場に集めるかが話し合われ、「平頂山の住民のほとんどは炭鉱労働者であるから、彼らを集めようとするなら、大衙門（炭鉱事務所のこと）で用事があるとでもいわないと無理だろう」ということになり、検討の結果、「昨晩は大刀会が攻撃してきたが、幸い平頂山の住民には一人の負傷者もでなかったから、大衙門はみんなの無事を祝って記念写真を撮ることにした」と伝えることに決まった。

その後、小川憲兵分遣隊長は炭鉱事務所に向かい、その他の憲兵隊員は、武器と着替えを用意して車に分乗し、独立守備隊の官舎に向かったが、その時間が朝七時頃とされている（「一九五七年一〇月二二日〈通訳〉王長春の供述」、政治協商会議撫順市委員会文史辦公室「平頂山大屠殺惨案始末」〈一九六四年〉前掲『罪行・罪証・罪責』所収）。

その後、炭鉱事務所で二度目の謀議が行われた。この謀議では、川上隊長、小川憲兵分遣隊長の他に、久保孚《とおる》炭鉱次長をはじめとする炭鉱関係者や警察、行政機関の責任者も含め、合計一四人が集まった（「于慶級の供述」前掲『罪行・罪証・罪責』所収）。

その席で、久保炭鉱次長は、抗日義勇軍に通じていたとの事実があったとしても住民を殺しつくすのは反対だと述べたが、川上隊長は治安責任者として住民を虐殺するとの意見をおし通したといわれている。二度目の謀議で、住民の銃殺は独立守備隊及び憲兵隊が行うこと、後の始末を炭鉱職員らで構成されている防備隊が応援すること、銃殺の場所は平頂山の西側の崖下とすること、平頂山の集落は焼き払うことが決定されたとされている。

✴虐殺の実行

九月一六日午前、独立守備隊の兵士及び憲兵隊は、機関銃などの装備を整え、数台の乗用車及びトラックに分乗して、平頂山へと向かった。

平頂山の集落に到着後は、「記念写真を撮る」「匪賊の攻撃から住民を守る」などと騙《だま》したり、あるいは銃剣を突きつけて実力で屋外へ出すなどして、平頂山の住民を南西の崖下に追い立てた。そして住民たちは、老若男女を問わずすべて崖下に集められ、日本兵が用意した数丁の重軽機関銃の一斉掃射により殺された。

機銃掃射を終えると日本兵は、累々と重なりあい倒れている住民の上を隊列を組んで歩きながら、息のあるものを見つけると容赦なく銃剣で突き刺してとどめを刺した。さらに平頂山の集落に火を放ち、集落そのものを消し去った。

翌九月一七日、日本兵は虐殺現場に残された死体の山にガソリンを撒き、これを焼却した。さらにその数日後には、ダイナマイトで崖を崩し、土砂で死体の山を覆い隠した。

事件当時、炭鉱職員であった山下貞は、事件から三、四日後の虐殺現場のようすについて、つぎのように手記を残している。

(撫順攻撃事件から)三、四日後のある日私は総括駅長佐藤隆二(山形県人五三歳)と僚友藤沢一雄君の三人で線路巡視かたがた新戦場と平頂山の現場を見に行った。(中略)焼けた平頂山部落は土壁だけが残り例外なしに焼き尽くされて居た。(中略)大量虐殺し、埋めた所へ行くと人の焼けたにおいと重油のにおいが鼻につく。埋めた死体の上を歩くと何段か積み重なって居るので、ブカブカと足が浮き上るように感じた。あちらこちらに硬直した脚や腕が土の上に突き出て居た。その埋めた広さと積み重なった厚さで死体の数を概算すると七百五十人から千人であろうと計算した。何れも非戦闘員である。或は強制されて案内をした者もあったろうし極少数の内通者が居たかも知れないがこの村、この崖下の惨状を見てとんでもない大虐殺をしたものだと唖然としてこの惨劇現場を去った(「手記　敗戦地獄　撫順」前掲『リポート「撫順」1932』所収)。

✴今も改められていない日本政府の公式見解

事件後、日本軍は徹底的に平頂山の住民虐殺の事実を隠蔽しようとした。しかし、日本側の隠

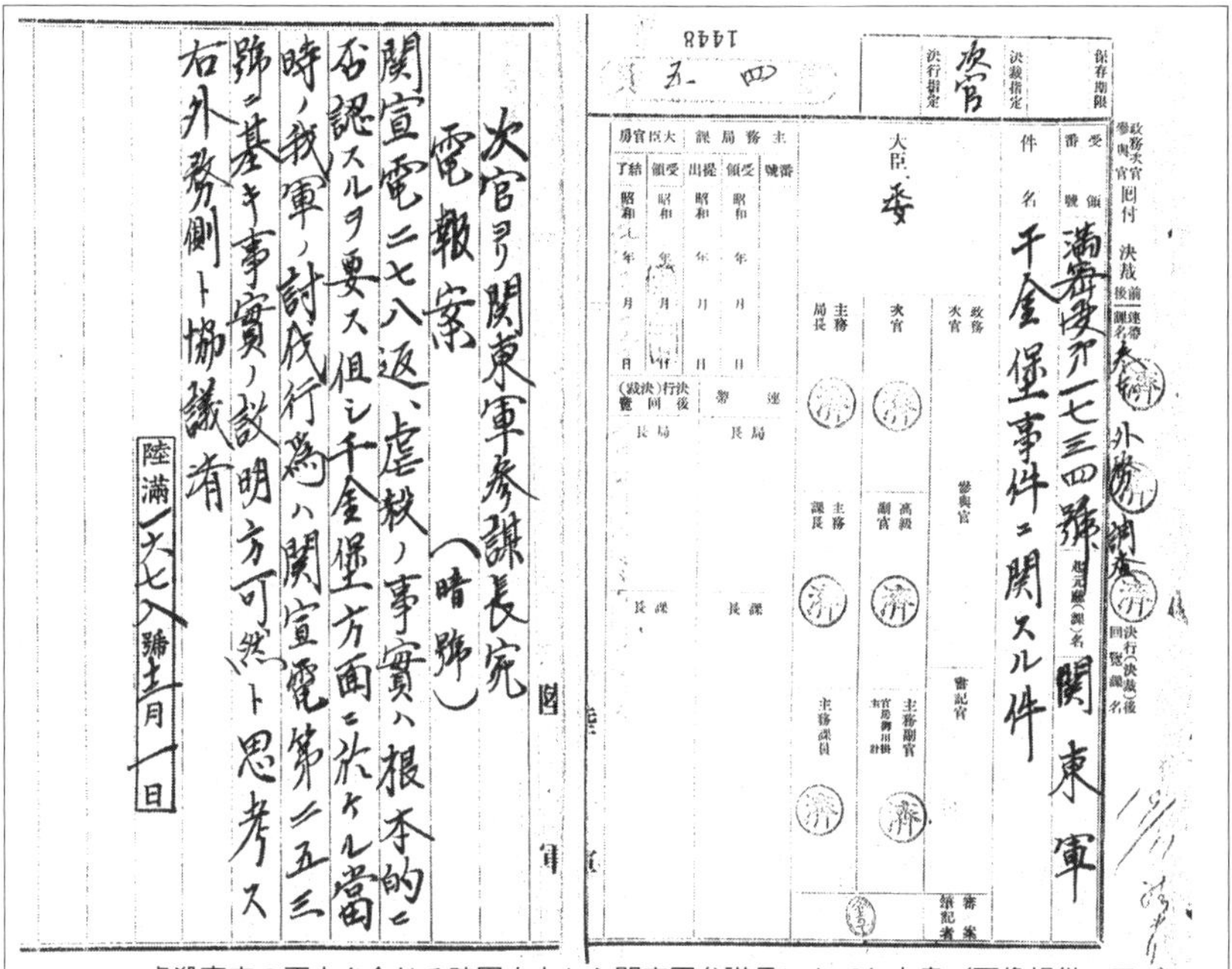

次官ヨリ関東軍参謀長宛
電報案（暗號）
関宣電二七八返、虐殺ノ事實ハ根本的ニ否認スルヲ要ス但シ千金堡方面ニ於ケル當時ノ我軍ノ討伐行為ハ関宣電第二五三號ニ基キ事實ノ説明方可然ト思考ス
右外務側ト協議済
陸満一六七八號　十一月一日

保存期限
決裁指定　次官
決行指定
受領番號　満密受第一七三四號
件名　千金堡事件ニ關スル件
起元廳（課）名　関東軍
大臣　委

虐殺事実の否定を命じる陸軍次官から関東軍参謀長にあてた文書（画像提供・アジア歴史資料センター：防衛省防衛研究所所蔵01002826100）

蔽工作にもかかわらず、二カ月後の一一月一五日には、中国国内の新聞各紙が平頂山事件のことを報じ始める。

一一月二四日、国際連盟の理事会で中国政府を代表して顧維鈞が平頂山事件をとりあげて日本を非難した。日本政府は当初、平頂山事件の事実を全面否認し、中国側の「虚偽報道」であり、「皇軍の名誉を毀損《きそん》する」などと中国を非難し、事実無根で押し通すことを画策した。

しかし、外国特派員の現地報道などで、事件自体の全面否定が国際的に通らなくなると判断してか、一一月三〇日には、「九月十五日夜、撫順に隣接する村々に身を隠していた不正規軍や共産党員の男たち約二千人からなる部隊が、撫順の町に奇襲攻撃をかけ、多くの建物に火を放ち、そこに駐屯していた日本軍隊に攻撃すら行った。翌日、日本兵の一中隊が、千金堡村に彼らの捜索のために派遣されたが、同村にはいるや否や襲撃され、三〇分間の戦闘が生じた。奇襲者たちは村から追い払われたが、戦闘中、その場所の大半が炎により壊滅した」「以上の事実が意図的に中国政府により誇張され、無辜《むこ》の人々の虐殺として発表された」とする日本政府の事件に関する説明文書が、国際連盟事務総長あてに提出された（「国際連盟代表から内田外相宛第七四号電報」〈原文はフランス語〉外交資料館文書A. 1. 1. 0. 21-4-4）。

つまり、当時の日本政府の事件に対する見解は、「不正規軍や共産党員の男たち約二千人からなる部隊」捜索のために村に入ったところ、日本軍が攻撃されたため戦闘となり、戦闘中にその場所の大半が焼けて壊滅したが、住民虐殺はなかったというものだった。

この、当時の日本政府の見解は、今もなお、正式に改められてはいない。

第Ⅱ章

平頂山事件を生きのびた人々

平頂山惨案遺址紀念館（遺骨館）

中国では古くから、旧暦の正月にあたる春節、端午節、そして中秋節を三大節句として、盛大に祝う習慣がある。とくに中秋節は、一年で月が最も丸くなることから、円卓を囲む家族がひとりも「欠けない」ことにかけて、家族団らんを願い、親族が集まって盛大に行われる。この日ばかりは遠くに住む家族、親族を呼び寄せ、出稼ぎに行っている家族も、愛する妻や子どもたちの待つ懐かしいわが家に帰ってくる。そして、家族ひとりひとりの笑顔を見てその無事を祝い、明日からの平安を祈って食事をし、楽しいひとときを過ごす。一九三二年の中秋節であった新暦九月一五日、中国東北部にある撫順市内からも、陰りのない、まるく大きな月を眺めることができたのか、今ではもうはっきりしない。しかし、この夜、いつもの中秋節と同じように家族の幸せを願ってたくさんの人びとが、家族と暖かい食卓を囲んでいたことだけは間違いない。

以下は、平頂山事件訴訟の原告莫徳勝、楊宝山、方素栄から弁護団が聴取し、証拠として提出した事実を元に再構成したものである。なお、後述（一一〇～一一二ページ参照）のとおり、裁判所は、原告らの証言等の証拠に基づき、平頂山事件の住民虐殺の事実を認定している。（第Ⅱ章文中敬称略）

✴最後の〝満月〟

一九三二年九月一五日、この日もおそらく撫順炭鉱では、硬い岩盤を砕くダイナマイトや削岩機の音、掘り出した石炭を運び出すトロッコのきしむ車輪の音が絶えることなく続いていたのであろう。昼夜交代ではたらく大勢の炭鉱夫たちで平頂山地区はいつもどおり活気に満ちていたが、今日が中秋節だったことから、その活気はいつもより増していたのではなかろうか。なるべく早く仕事を終え、すぐにでも家に帰って祝いの宴の準備をしなくてはと、少し浮き足立っていた炭鉱夫もたくさんいたに違いない。中国では中秋節に月をかたどったまるいかたちのお菓子の月餅《げっぺい》を、縁起物として買って祝うという風習がある。この日の平頂山でも、炭鉱でのきつい労働を終えたあと、商店に寄って買った月餅を大切に胸に抱えて、家族の笑顔を思い浮かべながら家路を急ぐたくさんの人たちがいた。

家路を急ぐ炭鉱夫のなかに、当時七歳の莫徳勝の父莫文山の姿もあった。莫徳勝は、撫順炭鉱で炭鉱夫をしていた父、火薬工場に勤める母、幼い妹、そして漢方医を経営する母方の祖父母とともに幸せに暮らしていた。この日、炭鉱での仕事をいったん終えた莫文山は、夜勤でまた炭鉱に戻るまでの間、わが家で中秋節を祝うため、待っている子どもたちのために、月餅のほかにぶどうや梨をどっさり買って帰ってきた。莫徳勝は、両手いっぱいにおみやげを持って帰ってきた父親を歓声で出迎えた。この日の夕食は、両親、祖父母、そして妹の六人が、欠けることのない満月と同じように、まるく食卓を囲んで、中秋節を祝った。そして夕食後、母親が聞かせてくれるおとぎ話で暖かい気持ちになりながら、そのまま深い眠りについた。

莫徳勝より二つ年上の楊宝山は、いつもより少し寂しい中秋節をむかえていた。いつもの中秋節なら家族みんなで囲む夕食の団らんに、父の楊清起の席だけがひとつだけぽつんと空いていたのは、この日、父はまだ炭鉱内で働いていたからだった。

楊宝山の一家は、父親が撫順炭鉱で働くため、楊宝山が六歳の時に山東省から平頂山へと移ってきた。その後、父親は撫順炭鉱で炭鉱夫として働き、母親は炭鉱夫から頼まれた繕《つくろ》い縫《ぬ》いや仕立て直しの内職をして、楊宝山と五歳の弟を一生懸命育てていた。せっせと働いたかいがあってか、一家は煉瓦《れんが》造りの一軒家に住むことができ、楊宝山は満九歳の春には私塾に入ることもできた。

楊宝山は、ほかの家は家族みんなで中秋節を祝っているのにと思いながらも、家族のために中秋節の夜も炭鉱で働いている父親の姿を想像して、母と弟と一緒に早々に寝床についた。

方素栄（生まれたときに付けられた名は韓暁鐘。後に平頂山出身であることを隠すために方素栄と名前を変える）一家は、この日の中秋節を一家八人に祖父の友人も加えた大人数で、盛大に祝っていた。平頂山で雑貨屋を営む父方の祖父と時計の修理屋を営む父親の収入で、当時四歳だった方素栄は、周りの中国人労働者の家族に比べれば、ずいぶんと豊かな生活を送っていた。このころまだ珍しかった家族写真を近くの写真館に行って撮ってもらい、その写真は七〇年以上経った現在も方素栄の手元にある。方素栄は、両親と当時三歳と二歳の弟、祖父母、そして当時二〇歳くらいだった未婚の叔母と暮らしていたが、平頂山の通りに面した家には、雑貨屋と時計修理屋の店舗部分のほかにいくつかの部屋があり、一家八人が住むにも充分な広さがあった。

まだ幼かった方素栄は、この夜一家がどのような中秋節を祝ったか詳しい記憶はほとんどない。ただ、暖かい家族に見守られながら、賑やかで楽しいひとときをおくったことだけは忘れていない。方素栄は一家のなかでもとりわけ祖父に可愛がってもらっていて、毎晩眠るときは祖父母と一緒だった。この日の夜も、騒ぎすぎて疲れてしまい、眠くてもうまぶたが閉じかけている方素栄を、祖父はやさしく抱きかかえながら、寝床まで運んでいってくれただろう。

こうして、一九三二年の中秋節の夜、莫徳勝、楊宝山、そして方素栄の三人の子どもたちは、その後訪れるであろう過酷な運命を知ることもなく、暖かい家族に見守られながら、少しも欠けるところのない満月の下で眠りについた。


眠りについてどれくらいたったのか、莫徳勝、楊宝山、そして方素栄は、それぞれの寝床で、屋外から聞こえる大勢の人の足音やざわめきを聞いて目をさました。

祖父と一緒の寝床で寝ていた莫徳勝が窓から外の通りをのぞくと、大通りを北に向かって、銃や槍をもった集団が撫順市街へ向けて行進しているところが見えた。

楊宝山も同じころ、誰かが表戸をたたく音とともに、外で大勢の人の騒ぎ声と、撫順市街の方から「ターン、ターン」という銃声のような音がしているのを聞いた。

方素栄は、外で「殺《シャ》！　殺《シャ》！」と大声で叫ぶ集団の声に目を覚ました。一緒に寝ていた祖父は、方素栄を布団のまま抱きかかえると、声が聞こえなくなるまでしばらくの間、裏の物置に隠れていた。

まだ幼い三人にとって、この夜、外で何が起きているのか全くわからず、ただ心に漠然とした不安を残したまま、寝床に戻るしかなかった。

✴突然の「訪問者」たち

中国東北部では、中秋節を過ぎるころになると、朝晩めっきり冷えるようになってくる。一九三二年九月一六日の朝も、だんだんと近づいて来る冬の足音を感じさせるように、透きとおった朝の空気は少し冷たく感じられた。

莫徳勝はこの年の二月から、近所にある私塾に通っていた。しかし、まだ七歳のわんぱくざかりの莫徳勝は、孔子や孟子の教えよりも、友だちとビー玉遊びや雀取りをしていたほうがずっと楽しかった。この日も、夜勤に入るため炭鉱に戻っていった父を除く家族全員で朝食をすませた後、すぐに家を飛び出して、近所のいたずら仲間たちと、平頂山の北のはずれにある小高い丘の上で遊んでいた。

楊宝山も、母と弟と朝食を食べた後、夜勤明けで帰ってきた父親が食事をしているのを横目で見ながら、近所の友だちと遊ぶため家を飛び出して、家の裏の方で遊んでいた。このとき楊宝山は、当時抗日義勇軍として地元では有名だった大刀会が、昨夜平頂山の家々を一軒一軒ノックして日本人がいるかどうか確かめていたらしいと、近所の大人たちがうわさ話をしているのを聞いた。ここではじめて楊宝山は、昨夜自宅の戸をたたいていたのは、大人たちの話に時々出てくる大刀会の人たちだったとわかった。

同じころ、方素栄も大通りに面した祖父の店前に出て、上の弟と一緒に遊んでいた。まだ学校へ行く年齢になっていない方素栄にとって、ときどき祖父が連れて行ってくれるところを除けば、遊び場所はいつも店先の路上だった。

三人の子どもにとって、この日の朝はまだ、いつもと変わらない普通の朝だった。

平頂山の北西のはずれにある小高い丘で遊んでいた莫徳勝たちがふと下を見下ろすと、撫順の街の方から四台のトラックが平頂山に向けて走ってきて、平頂山の北西にある牧場の近くで停まるのをみた。この牧場では牛を飼っており、そこで採れた牛乳を売っていたことから、平頂山では「牛乳屋」と呼んでいた。トラックが牛乳屋の前あたりで停まると、鉄かぶとをかぶり、黄色っぽい服を着た日本兵と思われる兵隊たちが荷台から次々と降りてきて、列を作って平頂山の方へ動き始めた。

同じころ楊宝山も自宅の裏の方から、そして方素栄も祖父の店の前で、平頂山の北のはずれの方からトラックが数台来て停まり、たくさんの日本兵が荷台から降りて平頂山の方へ向かってくるのを目撃した。

このころ撫順には日本軍の独立守備隊が駐屯《ちゅうとん》しており、日本人たちが「匪賊《ひぞく》」と呼ぶ中国人抗日ゲリラの攻撃から、満州鉄道施設や撫順炭鉱を〝防衛〟する任務に就いていた。莫徳勝たちはまだ幼かったが、大人たちのうわさ話から、まわりの中国人がみな日本軍をとても恐れていることは良くわかっていた。

平頂山にたくさんの日本兵が向かってくるのを見た莫徳勝、楊宝山、そして方素栄は、怖くなってみな家に帰っていった。

莫徳勝は家に帰ると母親に「大変だ、日本兵がやってきたよ！」と告げた。母親は心配そうな顔をしていたが、莫徳勝を怖がらせないようにと、「心配しなくていいよ。お父さんが帰ってくるまで待っていましょうね」と言った。すぐに父親が慌てたようすで家に帰ってきた。父親の話では、平頂山に帰ろうとすると日本兵が道をふさいでおり、平頂山に入る人たちの身体検査をしていたということだった。父親は、「何が起こったんだろう」と言っていた。

するとすぐその後に、莫徳勝の家の表戸がたたき壊され、家の中に三人の日本兵がなだれ込む

莫徳勝さん

ように入ってきた。
　莫徳勝一家が、凍り付いたようにその場に立ちつくしていると、一人の日本兵が父親に向かって、「匪賊が来た。お前たちは皇軍が守ってやるから、大事なものをまとめて外へ出ろ」と、中国語で言ってきた。父親はそれを聞くと、「ここは私の家だ。出て行くわけにはゆかない」と言った。すると、傍《かたわ》らにいた日本兵は「早く出て行け！　出て行かないと殺すぞ！」とたどたどしい中国語で言うや、持っていた小銃の銃床で父親の肩を殴った。
　したたかに殴られた父親は、肩を押さえながら苦痛にゆがんだ顔をしていたが、観念したのか、莫徳勝の手をとって自宅から外に出ようとした。それを見て母親は、妹を抱き上げて父親の後に続き、祖父母もその後から自宅を出た。

楊宝山さん

楊宝山も日本兵の姿を見ると、すぐに家に駆けて帰り、母親にそのことを告げた。母親は「あぶないから、外に出てはいけないよ」と言っていた。するとまもなく、中国服を着た男が一人やってきて、家に入るやおだやかな口調の中国語で「夕べ大刀会がここを通ったので、今日はここで日本軍が射撃訓練をすることになりました。危ないので避難してください。避難したところで写真を撮ります」と言ってきた。

楊宝山はこの男の言ったことを本当のことだと思い、射撃訓練を見られることや写真を撮るのも嬉しくなって、父母に「早く行こうよ！」とせがんだ。父母がこの男の話を信用したのかどうか、楊宝山にはわからなかったが、楊宝山の一家は何も持たずにそのまま自宅を出て行った。

方素栄さん

　方素栄は日本兵の姿を見ると、すぐに店内にいた祖父を呼んで、日本兵が来たことを知らせた。すると祖父は、家族をみな家の中に入れると店の玄関を急いで閉め、父親に向かって「早く逃げろ！」と言った。このころ大人たちは、日本人が中国人を捕まえて無理矢理に労働させていると噂話をしており、祖父は父親が日本兵に捕まれば同じように連れて行かれると思ったのかもしれない。

　祖父に逃げろと言われた父親は、振り返ると、裏庭の方に向かって走っていった。すると、二人の日本兵が表戸をこじ開けて家に押し入ってきて、塀を乗り越えて逃げようとする父親の姿を見つけると、父親に向けて小銃を発砲した。父親は、方素栄ら家族の目の前で、塀から崩れ落ちるようにして地面に倒れ込んだ。

　方素栄や母親は、目の前で父親が撃たれるのを見て大声で泣いて父親の方へ走り寄ろうとした。すると、日本兵が来てそれを止め、祖父も止めに入った。そして日本兵は方素栄一家に銃口を向け、「写真を撮るから出ろ」と言って、外へ追い出しにかかった。方素栄は祖父に手を引かれ、上の弟は叔母に、下の弟は母親に抱かれながら、自宅を出た。

追い立てられるようにして自宅を出た莫徳勝たちが大通りに出ると、通りはすでにたくさんの住民たちでいっぱいにあふれていた。通りを埋める住民たちのなかには、布の包みに炊事道具を突っ込んで持ち運んだり、大きな布団を持ち出している人まで見えた。

大通りをゆっくりと歩く人びとの列は、平頂山の大通りを南方向に延々と続いていた。そして列の左右では、小銃をかかえた日本兵が、住民が少しでも列から離れないよう、厳しい目付きで監視していた。

莫徳勝、楊宝山、方素栄の幼い三人も、家族と離ればなれにならないよう、それぞれ父親や祖父の手をしっかりと握りながら、大通りを南へと進んでいった。

✴虐殺の現場

平頂山の大通りを南側に進むと、住宅街が尽きるあたりの西側方向には高い崖があり、その手前は南北方向に広い空き地となっていた。大通りから西側に向かって蛇行し、浅い溝を越えると、そこは崖下の空き地だった。大通りを南方向に進んできた住民たちにとって、この空き地が終着点だった。

崖下の空き地に集められた住民たちは、みな不安な面持ちで、家族どうし、仲間どうしでかたまっていたが、平頂山に住むほとんどの住民が次から次へと狭い空き地に集められてきたことから、崖下の空き地は文字どおりひしめき合うような状況になっていた。

そして、空き地に集まった住民たちを、南、北、東の三方から囲むようなかたちで、銃をもった日本兵数十人が立っていた。崖を背にした住民たちは、この空き地から逃げることができなくなった。

空き地の東側、住民たちが入ってきた場所から少しだけ離れたところには、三脚のようなものに支えられ、本体を黒い布のようなカバーで覆《おお》っているものが一台置かれていた。

莫徳勝一家が空き地に着いたとき、すでにそこは平頂山の住民たちでいっぱいだった。最初は空き地を囲む日本兵のすぐそばにいたが、すぐに父親は周りのようすがおかしいと言って、莫徳勝たち家族を、集まった住民たちの中の方へと連れて行った。

方素栄一家も、集まっている住民たちをかき分けながら、群衆の中の方へと歩いていった。

楊宝山一家は空き地に入ったのが一番最後のほうだった。楊宝山は空き地に入るとき、黒い布で覆われたものがすぐ近くにあるのに気づき、それが日本兵の言っていた、記念写真を撮るための写真機なのだと思った。写真機がこんなに近ければ、きっと自分たち家族ははっきりと映るだろうと思い、とてもうれしくなった。そして、自分の前に生えている背の高い雑草が撮影のじゃまになると思って、その雑草を引き抜こうと写真機らしきものの方へと駆けていった。

するると、写真機らしきものの傍らに立っていた日本兵が、近づいてきた楊宝山に持っていた銃を向けながら、後ろに戻れというように、身振りで威嚇《いかく》してきた。楊宝山は仕方なく、家族が集まっている方へと戻っていった。楊宝山は、いつ撮影がはじまるのかと、わくわくして父親に話しかけたが、傍らの父親は何も言わず、じっと前の方だけを向いていた。

こうして、平頂山のほとんどの住民たちが、崖下の空き地に集められた。そうこうしているうちに、住民たちのなかから、なぜこんなところに閉じこめるのかという抗議の声があがってきた。ざわめきはますます高まってきた。

そのとき、ひとりの将校らしき日本兵が日本刀を抜いて、大声で号令らしきものをかけた。と同時に、写真機らしきものを覆っていた布が取り払われた。するとそこには、写真機ではなく、黒光りする重機関銃が備えてあった。

布が取り払われるとすぐに、重機関銃は火を噴きはじめた。銃口を飛び出た銃弾は、集まっていた住民たちの身体に次々と突き刺さっていった。

機関銃の近くにいた人びとは立ち上がって逃げようとしたが、ほとんどの住民はもろに機銃掃射の弾を受け、悲鳴をあげながら次々と倒れていった。そして前列の住民たちが倒れると、その後ろの列の住民たちの身体に、銃弾は突き刺さってゆく。身体を貫通したか身体をはずれた機銃弾は、地面にあたって土埃《つちけむり》を巻き上げた。乾いた銃声音は、悲鳴をあげるたくさんの住民たちの声にかき消された。

集まった住民たちは、ここではじめて何が起きたかわかった。

日本兵は、平頂山の住民を皆殺しにするためにここに集めたのだ。

崖下の空き地には、銃弾を受けた人びとの悲鳴がひびきわたった。まだ体力のある者は、何とかこの場から逃げようと、南側の溝を越えようと懸命に走った。しかし、そこには空き地へ向けて銃を構えた日本兵が待機していた。日本兵は、猛然と走って逃げようとする人たちを小銃で狙撃し、倒れた者を銃剣で刺していった。老人や小さな子どもを連れた人たちは、逃げようしてもその場を動くことができず、泣きながら、ただ固く抱き合うことしかできなかった。そしてそこにも容赦なく、日本軍の機銃弾は降り注いでいった。

機銃弾は、莫徳勝の顔の横を、時折シューッ、シューッと、音をたててかすめていった。周りの人たちの悲鳴が響く中、祖父は怒りながら日本兵に向かって叫んでいた。祖母の足を銃弾が貫通し、血が吹き出たのが見えた。莫徳勝の目の前にいた男の身体に機銃弾があたり、着ていた綿入れのズボンの綿が白い雪のように飛び散った。

莫徳勝はあまりの恐怖で動けなくなった。すると傍らにいた父親が、自分のかぶっていた麦わら帽子をとって莫徳勝に深くかぶせ、「心配するな、大丈夫だ！」と言った。父親のその声を聞いた莫徳勝は、大声で泣き叫びながら、父親にしがみついてかたく目をつむった。泣き叫ぶ人びとの声だけが聞こえていた。

機銃掃射がはじまると、楊宝山の父親はすぐに弟の手を引っ張って周りの住民たちをかきわけ、崖の方向へ逃げようと走った。それと同時に母親は、その場で楊宝山の頭を抱きかかえるようにして地面に伏せた。楊宝山は母親の胸の下に押さえつけられながら、周りの人たちの悲鳴がひびきわたっているのを聞いていた。

方素栄の祖父は、夢中で空き地の真ん中の方を指し、家族に向かって「中に入るんだ！　中に！　中に！」と叫ぶと、方素栄を抱きかかえ、すぐに地面に倒れ込んだ。方素栄はこのとき、突然身体に激しい痛みを感じたが、覆い被さった祖父の身体の下ですぐに意識を失った。

住民の叫び声がだんだんと小さくなったころ、機銃掃射の音がいったん止んだ。このときすでに崖下の空き地は、あたり一面住民たちが折り重なるようにして倒れていた。

すると突然誰かが、「日本兵は帰ったぞ！」と叫んだ。

その声を聞いて、まだ息のある人たちが何人か、倒れた人びとの中から立ち上がった。するとそのとたん、また機銃掃射の音があたりに鳴りひびいた。立ち上がった人たちは悲鳴をあげながら、またもその場に倒れ伏していった。

銃声が再度おさまったとき、立ち上がる者はもう誰もいなかった。崖下の空き地には、住民たちが集まったときのざわめきも、機銃掃射がはじまったときの悲鳴や叫び声も聞こえなくなっていた。ただ、じっと耳を澄ますと、折り重なる死体の山のところどころから、まだ息のある人たちのうめき声や泣き声が聞こえてきた。

これまで崖下の空き地に集まった住民を三方から囲んでいた日本兵のうち、北側を囲んでいた兵士たちは、着剣した小銃を下に向け、倒れた住民たちの死体の山の上を南側へ向けて動き出した。まだ暖かい死体の上を踏んだ日本兵は、ぶかぶかした感触に足を取られ、歩きにくそうにゆっくりと歩いていた。

日本兵は歩きながら、まだ息がある住民を捜し出し、銃剣で一人ずつ刺し殺していった。もう虫の息の者は、悲鳴をあげることさえできず、銃剣に刺し貫かれた。死んだふりをしている者もいた。何も知らない幼子だけが、自分がまだ元気なことを日本兵に知らせるように、冷たくなった親の死体からはい上がり、泣き声を上げていた。

地面に伏せながら、父親がかぶせてくれた麦わら帽子を少しずらして外を見た莫徳勝は、横に一列になりながら、だんだんと自分の方へ近づいてくる日本兵の姿を見た。すると、息を殺してじっと日本兵が来るのを見ていた莫徳勝の視界に、「お母さん！　お母さん！」と泣き叫んでいる小さな子どもの姿が見えた。その子どもに気づいた一人の日本兵が子どものところへ近づくと、手に持っていた銃剣を構え、突然子どもを突き刺した。

子どもは大きな悲鳴を一つあげると、そのまま動かなくなった。莫徳勝は気づかれないように麦わら帽子のふちを持って深くかぶり、もう何も見えないようにした。

日本兵は莫徳勝の前まで来ると、軍靴《ぐんか》で腰のあたりを蹴り上げ、仰向けになったところで、銃剣で肩を突き刺してきた。その瞬間、氷が身体を貫いたような痛みを感じたが、このときは痛みより恐怖の方が大きかった。莫徳勝は歯を食いしばって我慢して動かず、死んだふりをし続けた。

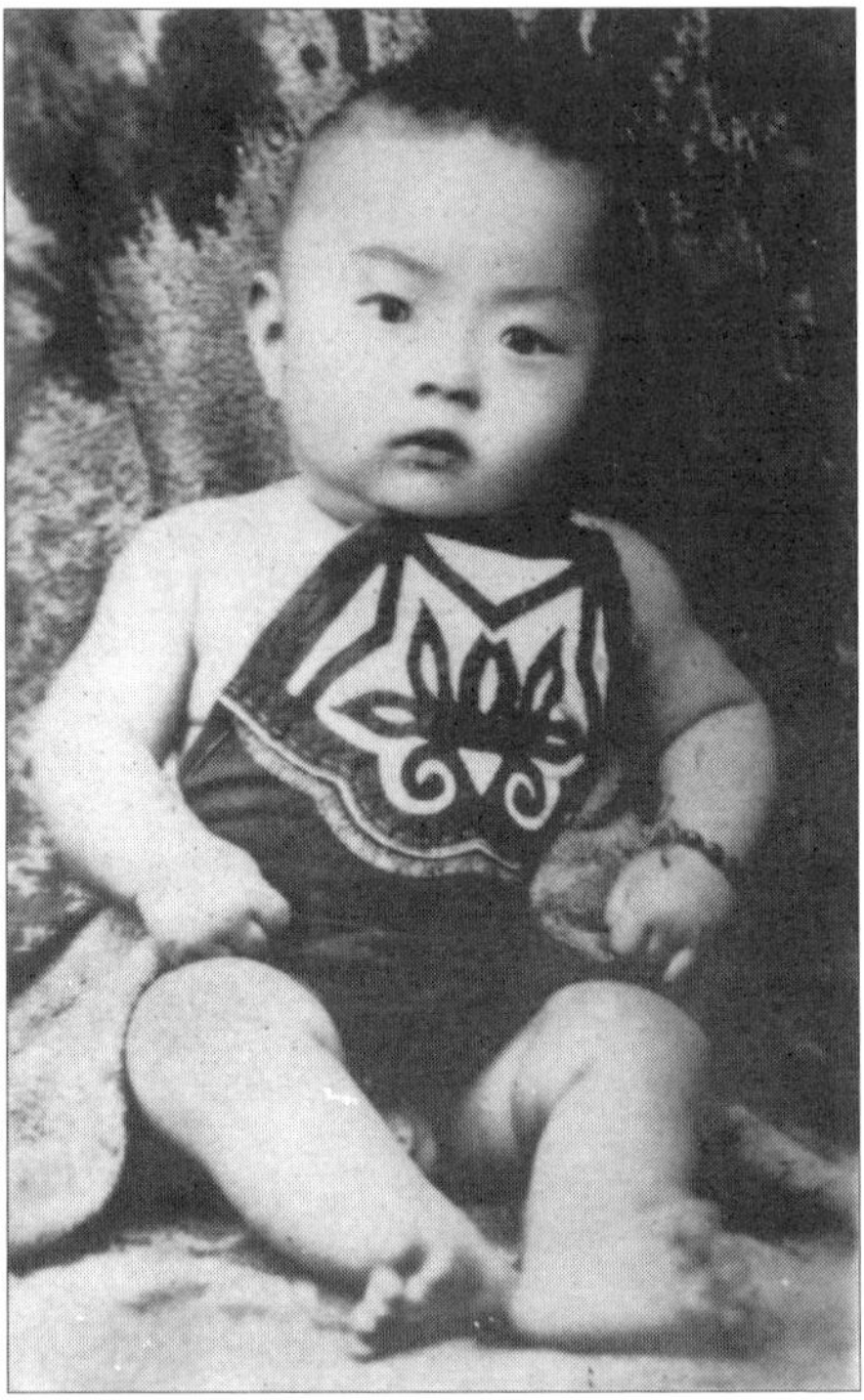

方素栄さんの弟（写真提供・方素栄氏）

方素栄は、すぐ下の弟が「お母さん！　お母さん！」と泣いている声で意識が戻った。方素栄の目には、「お母さん！」と泣きながら、倒れている母親の身体の下から這い出してきた弟の姿が映った。しかし次の瞬間、日本兵が上から銃剣を弟めがけて突き刺した。銃剣が弟の身体にクシューッという音とともに突き刺さると、日本兵は弟を銃剣ごと振り上げて、その場に投げ捨てた。

方素栄はその瞬間、心の中で叫び声を上げながら、目を固く閉じた。

母親の胸に抱かれて地面に伏せていた楊宝山は、「お母さん、お母さん、お母さん……」と何度も母親に呼びかけていた。二度目の機銃掃射が始まるまでは、母親は楊宝山を抱きながら、楊宝山の声に「うん、うん」「動かないでね」と答えてくれていた。

しかし、今はいくら声をかけても、何も答えてはくれなかった。胸元に抱かれた楊宝山の顔には、暖かい母親の血が滴《したた》り落ちてきた。そして母親の血は楊宝山の口の中にまで入り込み、口の中は血のしょっぱさでいっぱいになった。

どれくらい時間が経ったのだろう。倒れた住民たちからうめき声さえ聞こえなくなったころ、いつの間にか崖下には日本兵もいなくなっていた。

莫徳勝が起きあがると、すぐに傍らにいるはずの父親を見た。父親は目を見開いたまま、じっと莫徳勝の方を見ていたが、少しも動く気配はなかった。莫徳勝は、父親はまだ生きているかもしれない、ショックで起きあがれなくなっただけかもしれないと思い、腕を引っ張ったが全く動かない。それでも、生きているはずだ、生きていてほしいと思った莫徳勝は、父親の手をおもいきり歯でかんで、起こそうとした。父親は痛みで起きあがってくれる、起きあがってほしい、そう願って何度も噛んだが、父親は少しも動かなかった。手を離して父親の顔の方に目を向けると、父親の首からは、血の泡が吹き出していた。莫徳勝は父親にしがみついて、「お父さん、死んじゃだめだ！　死んじゃだめだ！」と泣き叫んだが、父親は二度と動くことはなかった。

傍らに倒れている母親も血まみれで死んでいた。そして、母親がしっかりと抱いていた布団をめくると、その中にくるまれるようにして、小さな妹も死んでいた。

方素栄さんの母（右）と父方の叔母（写真提供・方素栄氏）

日本兵の気配がなくなって、楊宝山は逃げようと母親の身体の下から立ち上がった。そして傍らに倒れている母親を見ると、母親は目を見開いたまま、口や鼻から血や泡を吹き出していた。楊宝山の目からは涙があふれ出たが、少しでも声を上げたらまた日本兵がくるかもしれないと思い、叫びたい気持ちを抑えながら、母親の身体を何度も何度も、揺すり続けた。

母親の死体の傍らには、父親が、そしてその後ろには弟が、どちらも体中血だらけで倒れており、二人とも身体を揺すっても、まったく動かなかった。

方素栄が祖父の身体の下からはい上がったころには、もう夕方近くになっていた。方素栄はすすり泣きながら「おじいちゃん」と声をかけたが、まったく動かなかった。倒れている母親や祖母を引っ張ってみても、動くことはなかった。下の弟は母親に抱かれたまま、少しも動かなかった。

誰も動かないとわかった方素栄は、一度家に帰ろうとした。しかし、死体の山を越えて、大通りを抜けて、やっと家の見えるところまで行ったのに、家は焼けてしまっていた。

方素栄はどうしていいかわからず、もう一度崖下の空き地まで戻ってくると、すでにあたりは暗くなっていた。

方素栄は、家族のところに戻ると、もう動かない祖父の横で、いつも夜にはそうしているように、片腕を祖父にもたせかけて、小さな身体を横たえて眠りについた。

いつの間にか小雨が降り出していた。雨は、もうピクリとも動かなくなった住民たちの屍《しかばね》の上に、静かに降り注いでいた。

「このままここにいては日本兵に殺される」、そう思った莫徳勝は、家族の遺体を残してゆく悲しさに耐えながら、平頂山の南にある千金堡へと歩き出した。

楊宝山も、日本兵に見つかったら殺されると思い、なるべく平頂山から離れたところへ逃げようと南の千金堡へ向けて歩き出していた。そしてこの日の夜はコウリャン（東北部で栽培されている背の高い稲科の植物）畑の中に隠れて一人眠った。たった一人で日本兵から逃げてコウリャン畑で眠るとき、心の中は恐怖と家族を失った悲しさでいっぱいとなり、涙がとめどもなく流れていた。

方素栄はまだ幼すぎて、一人で逃げることなどできるはずもなかった。事件の翌朝、祖父の死体の傍らで目をさました方素栄は、もう一度自宅のあった方へと歩いて戻ってみた。

すると、方素栄は、焼け落ちた自宅のすぐ近くで、祖父の友人で顔見知りの宋という人物に見つけられた。宋は、祖父の商店の前にある炭鉱夫の宿舎に住み込んで働いていたが、この宿舎は日本人の経営だったためか日本兵に焼かれておらず、炭鉱夫たちもまだいるようだった。宋は、小さな方素栄が一人で焼け落ちた自宅のそばにいる姿を見ると、驚いた顔をして、宿舎のなかにかくまってくれた。そこで何日か過ごした後、宋と宿舎にいる炭鉱夫たちは相談して、方素栄を大きな水瓶《みずがめ》に隠し、馬車で方素栄の母方の祖父母の住む千金寨まで運んで行ってくれた。

虐殺の幸存者を逃がしたことが日本兵にわかったら、宋や炭鉱夫たちの命の保証はない。大きな危険をかえりみず、宋や炭鉱夫たちは幼い方素栄の命を救ったのだった。

✴隠し続ける生活

息絶えた家族と別れ、住民の死体の山のなかから抜け出して安全な場所へと行くまでの間は、幼い三人にとって、まさに生死をかけた逃亡であった。しかし、三人は幸運にも、身体に傷を負いながら、日本兵に気づかれることなく、それぞれの親類のところへとたどり着くことができた。

莫徳勝は、何日かの放浪を続けた末に、途中の集落で会った人づてに、父方の祖父のもとへとたどり着くことができた。祖父母は、平頂山にいるはずの孫が突然来たことに最初は驚いたが、莫徳勝から平頂山での事件と息子たち夫婦の死を知り、愕然《がくぜん》とした。そして祖母は莫徳勝をしっかりと抱きしめながら、その場に泣き崩れた。莫徳勝は毎晩のように悪夢にうなされ、恐怖で叫ぶ自分の声で目が覚めることもしばしばあった。

莫徳勝が引き取られた父方の祖父の家には、祖父母と当時二〇歳の叔母の三人が暮らしていた。祖父は農民であったが、暮らしは貧しく、息子（莫徳勝の父親）からの仕送りに頼って生活をしていた。平頂山事件により、息子が殺されて仕送りは絶えた上に、莫徳勝が加わり、生活は苦しくなった。さらに、事件のショックで病気となり死線をさまよった莫徳勝の看病を一カ月あまり続けるうちに、叔母も過労で倒れ、三カ月間寝たきりとなった。一家は明日の食事にも事欠くようになり、ひどいときは一日一食、それもないときは、野生の草を食べて飢えをしのぐようになった。このため、一九三三年五月から、莫徳勝は、牛飼いの仕事の手伝いをして働くようになった。

楊宝山は逃亡の途中、抗日ゲリラに助けられたりしながら、何とか叔父のもとへと逃げ延びることができた。しかし、貧しい叔父の家にいつまでも居ることはできず、楊宝山は事件の翌年から地主のところで豚の世話をして働き、夜は一人で粗末な小屋で身体を丸くして、家族のことを思い出しては泣きながら眠った。一匹の犬だけが、寒い夜も一緒に寝てくれる唯一の友だった。

方素栄がたどり着いたのは、平頂山から一〇キロほど離れた千金寨にある母方の祖父の家だった。事件のことを方素栄から聞いた一家は、平頂山の幸存者をかくまっていることを日本軍に知られるのを恐れ、名前を韓暁鐘から方素栄に変えさせた。方素栄は体に数カ所の銃弾を受けており、祖父の家に着いたときも血だらけの服を着たままだった。しかし、平頂山事件の幸存者とわかるのをおそれ、方素栄は医者に連れていってもらえなかった。

平頂山では比較的豊かで不自由のない生活をおくってきた三人の生活は一変した。それぞれの親族は暖かく三人を受け入れはしたが、暮らしに余裕はなく、三人は幼いときから働かなくてはならなかった。

さらに年月がたち、三人が青年となって、独立して生活できるようになるころ、賃金が良くて働けるところといえば、当時は、皮肉にも自分たちの家族を殺した日本人の経営する工場くらいしかなかった。三人は戦時中、日本人が経営する工場で働き、生活の糧を得ていた。

しかし三人は、自分が平頂山の生き残りであることを、事情を知る親族以外には決して話さなかった。日本軍は、平頂山の幸存者が名乗り出た場合、その者にお金を与えるという宣伝をしていた。しかし、一度だまされて家族を皆殺しにされた幸存者たちは、二度と日本軍の宣伝を信じなかった。

三人は「いつか、平頂山の生き残りであることが周りにばれてしまい、日本軍に捕まって殺されるかもしれない」という恐怖心を抱きながら、日本人経営者や同僚の前では、少しでもそのような気持ちを悟られまいと気をつけ、毎日の生活をおくっていた。いまここで、自分に対して笑顔で話しかけ、ときには優しさもみせる日本人が、自分の両親、祖父母、弟や妹を、慈悲のかけらもみせずに殺した同じ人間なのだという複雑な思いが、いつも三人の心に深い影を落としていた。一九四四年に結婚した楊宝山は、妻にさえ、虐殺の生き残りであることを打ち明けていなかった。

✴日本の敗戦と解放後の混乱

一九四五年八月九日、中国東北部の国境を、突如ソ連軍が突破し、破竹の勢いで南進してきた。関東軍は各所でソ連軍に抵抗するものの、すでにソ連軍を押し返す力はなく、八月一四日のポツダム宣言受諾、翌一五日の終戦の詔勅《しょうちょく》の後、九月二日にはほぼ全部隊が無条件降伏によって抵抗を止めた。ここにおいて、日清・日露戦争以来、半世紀以上その武力によって中国東北部を支配してきた関東軍は、完全に解体、消滅した。

その喜びもつかの間、その後中国各地では中国共産党と国民党の内戦が激化した。関東軍が支配していた撫順も、日本の敗戦が決まった後は、われ先に日本へ帰還しようとする日本人、それまで虐げられてきた思いを発散するかのように喜びに沸く中国人、そして市内を掃討するソ連軍兵士の銃撃などで大混乱であった。その後日本人がいなくなり、ソ連軍が引き揚げ、国共内戦も終結して、撫順が本当に平穏を取り戻したのは、一九四八年のことだった。

日本の敗戦、撫順の解放によって、三人を取り巻く環境は、一八〇度変わった。撫順の日本人工場は、すべて中国人の経営する工場へと変わった。そして何よりも三人にとっての変化は、今までのように日本人の目を恐れ、平頂山事件の生き残りであることを隠す必要がなくなったことであった。

一九五一年に、事件現場に平頂山殉難同胞紀念碑が建てられた。

同年、撫順市の共産党政府が開催した集会で、莫徳勝ははじめて、平頂山事件の被害体験を証言したが、肉親を殺されたときの話になると、無残な情景が生々しく浮かび上がり、極度の悲しみに襲われて、激しく泣き出してしまった。このときの心の傷は長く癒《い》えることはなく、悲しいことが思い出されて熟睡できなくなり、健康を損ねる結果となった。このため、莫徳勝は、長く

撫順戦犯管理所（写真提供・熊谷伸一郎氏）

事件の講演を引き受けることをしなかった。

しかし、一九七二年の日中共同声明以後、平頂山紀念館の見学に来た日本人から、事件の話をしてほしいと頼まれるようになり、自分が事件の話をすることで日中の平和友好に役立つことができるならと覚悟を決め、再び事件の話をするようになった。

方素栄は、一九五六年に、いったんソ連に拘束されながら、後に撫順にある戦犯管理所に戻された日本人戦犯を前に、自らの経験を涙ながらに語った。幸せだった家族のこと、突然の肉親の死、弟が銃剣で刺し殺される場面、自らも何カ所も受けた銃弾の傷……。方素栄は、「日本人を憎むな、悪いのは日本軍国主義だ。日本軍国主義と日本人とは違う」と言い、日本人に対する憎しみだけで話をしてはいけないと説得した戦犯管理所の所長の言葉を思い浮かべた。しかしそれでも胸の内からほとばしる思いは、肉親を目の前で殺されたことに対する恨み、そして日本人に対する恨みしかなかった。

方素栄の話が終わると、何人かの元日本兵が方素栄の足元に駆け寄り、土下座をしながら、「私を殺してくれ！」と言った。方素栄は、何もいえず、ただその場で泣きながら立ちつくすだけだった。

中国が解放された後、三人は平頂山事件の幸存者であることを公表したが、事件の恨みをはらすにも、日本人の責任者はすでに中国にはおらず、日本政府から謝罪を受けることも当然なかった。それどころか、その後一九七二年に至るまで長く日中は国交さえなかった。戦後、三人は一中国人として、中国社会を生き抜いてきた。楊宝山と莫徳勝は撫順で生活の基盤を築き、十分な教育を受けられないながらも努力を重ねて、人並みの生活を送れるようになった。方素栄は結婚してから、夫の仕事の都合で撫順を離れ、各地を転々として現在は雲南省の省都・昆明で暮らしている。

その間、中国の国内状況はめまぐるしく変化し、文化大革命など個人の生活に対する大打撃もあったが、三人はみな子どもをもうけて、やがて孫も生まれた。平頂山事件から六〇年以上が過ぎ、幼かった三人も白髪の老人となっていた。

しかし、自分の肉親たちが目の前で無残に殺された光景は片時も三人の頭から消える日はなかった。楊宝山は老人となってからも、あの日自分をかばいながら血だらけで死んでいった母親の夢を見ては、泣きながら目を覚ましてしまうことがある。莫徳勝も方素栄も、まるであの日の事件のようすが昨日のことのようにはっきりと脳裏に焼き付いていて忘れることはない。

一九九〇年代に入ると、中国政府も国内で徐々にわき起こる民衆の声を、無視することができなくなってきていた。これまで地下水脈のように脈々と流れながらも、地上に出てこなかった「対日賠償請求問題」が、民衆の間で語られる問題となってきていた。

「これが最後になるかもしれない」――三人は、残り少ない命をかけるようにして、この新たな動きに合流した。

第Ⅲ章

手探りで始まった裁判

——「国家無答責」の壁に挑む

一審判決の日、東京地方裁判所前で（2002年６月28日）

✴幸存者と日本人弁護士との出会い

一九九六年一月二七日――この日は、これからはじまる一〇年間の平頂山事件訴訟にとって、記念すべき日となった。一九三二年九月一六日に起きた平頂山事件の幸存者である方素栄さんが、北京のホテルで初めて、「中国人戦争被害賠償請求事件弁護団」（団長・尾山宏弁護士）の幹事長である小野寺利孝弁護士らと会って、平頂山事件の被害者として日本国に対し、損害賠償請求訴訟の提起を依頼した。

方さんら原告たちの提訴までの道のりが、どれだけ険しく、気が遠くなるような長い道のりであったかを、弁護団や日本の市民が知るのは、先のことである。この点は後述しよう（一四六～一五一ページ参照）。

後日、方さんは、日本の弁護士に初めてあったときの気持ちを以下のように打ち明けた。提訴前後の原告たちの不安と期待、日本の弁護士たちと原告たちの非常におぼつかない関係が素直に語られている。

「やっと訴える糸口が見つかった。少し希望が見えてきたような感じがしました」

「北京に行くときの気持ちは複雑でした。早く、日本人の弁護士に会って、長年持ち続けてきた言いたいことを話して恨みを晴らしたいと思うと同時に、本当に、日本人が自分たちの力になって、裁判を本気でやってくれるのかという疑念の気持ちがありました。私は、すべての日本人をずっと恨んできた。教育を受けて日本人を憎むべきではないと教わったが、それでも不安があった。期待と不安の入り混じった複雑な気持ちでした」

「こうして、一九九六年一月に日本人の弁護士と会いました。私の被害について聞き取りをしてくれたのは一月二七日のことでした。小野寺先生に、委任状を書いて渡しましたが、帰ってから、不安になりました。なんで自分だけがサインをして、すべて彼らに任せるのか。彼らのほうが、自分たちに対して何も書いていないのはなぜか。どうもおかしいと不安になり、小野寺弁護士に貴方のほうからも何か書いてくれと手紙を書きました」

「感触としては、裁判をやってくれるだろうとは思いました。ある程度は安心していました。しかし、すべて安心していたわけではない。すべて信頼できていたわけではないが、彼らに任せてやってみるしかないと思ったのです」

✴中国人戦争被害賠償請求事件弁護団の結成

最初に、なぜ戦後五〇年経ってから、日本人弁護士が中国人の戦後補償裁判を担うこととなったのか、そのきっかけを簡単に説明しておこう。

一九九四年五月、当時の法務大臣永野茂門《しげと》は、就任記者会見で「南京大虐殺はでっちあげだ」と述べて、アジア太平洋戦争の侵略性を否定する発言を行い、中国をはじめとするアジア諸国からまたしても強い反発を招くという事件が起きた。折りしも永野法相発言がなされた時に、中国社会科学院法学研究所より、招待を受けて中国の司法制度調査に来ていた日本の法律家の一団（中国司法制度調査団）は、北京で記者会見を開き、永野法相発言に対する抗議声明を発表した。そのメンバーの中に、後に中国人戦争被害賠償請求事件弁護団の幹事長（現団長代行）に就任する小野寺弁護士がいた。

他方、中国においては、一九九一年に、「日中共同声明で放棄されたのは国の賠償請求であり、個人の賠償請求権は放棄されていない」とする法学者童増氏の建議書が全国人民代表大会に提出されるに及んで、ようやく、戦争被害者らの日本政府に対する賠償請求の動きが浮上するようになった。しかし、当時中国政府は、日本に対する外交上の配慮や国内での影響を考慮して、被害者らの賠償請求については抑制的な態度を崩してはいなかった（中国政府が、国民の対日賠償請求について、事実上不干渉の態度を明らかにしたのは、一九九五年三月七日、「民間人の対日賠償請求について、政府は阻止することも干渉することもない」とする銭其琛外相〈当時〉発言がはじめてであった）。その上、被害者らの要求にもかかわらず、肝心の訴訟を担当する弁護士がいなかったこともあり、対日賠償請求の動きは展望が開けない状態が続いていた。

こうした中、永野法相の「南京大虐殺はでっちあげ」発言がきっかけで、日本の弁護士たちと中国の被害者たちが、やがて運命的な出会いを果たすこととなる。

中国司法制度調査団を派遣した日本民主法律家協会（日民協）が中心となって呼びかけを行い、一九九四年七月から翌年七月までの間に有志の弁護士による数次にわたる被害調査が実施され、一九九五年八月、「中国人戦争被害賠償請求事件弁護団」（以後、「全体弁護団」と呼ぶ）が結成された。

全体弁護団は、提訴する事件ごとに専属の弁護団を組織して、一九九五年八月七日、東京地方裁判所に提訴された山西省「慰安婦」一次訴訟と七三一部隊・南京虐殺・無差別爆撃訴訟を皮切りに、次々に訴訟を提起していった（注1）。

✴平頂山事件弁護団の結成

話を平頂山事件に戻そう。方素栄さんから平頂山事件訴訟の提起を依頼された全体弁護団は、さっそく、平頂山事件訴訟の専属弁護団の結成に着手し、弁護団団長に環直彌《たまきなおや》弁護士、副団長に高和直司《こうわただし》弁護士が就任することが決まった。

高和弁護士は、一九九六年三月、全体弁護団団長の尾山宏弁護士、渡辺春己弁護士とともに、撫順に赴き、莫徳勝さん、楊宝山さんらと会って平頂山事件訴訟を提起する意思があるかどうか

環直彌弁護士

を確認した。その年の一月に全体弁護団幹事長の小野寺弁護士は、方さんから、事件の幸存者である莫さんと楊さんという男性が撫順に在住していることがわかっているので、彼らにも裁判のことを伝えてほしいと頼まれていたのである。高和弁護士から話を聞いた莫さんと楊さんは、そろって原告となることを決意した。

平頂山事件弁護団として名を連ねる弁護士は、全体弁護団を中心に二〇〇人にものぼる。その中で中心となって訴訟を担ったのは、環直彌団長と高和直司、泉澤章、川上詩朗《しろう》、大江京子、坂本博之、穂積《ほづみ》剛《たけし》の合計七名の弁護士たちである。

環弁護士は、一九四三年に司法官試補になって以来、検察官、弁護士、地裁・高裁裁判官の経歴を持つ法曹活動五〇年以上の大ベテランであった。検察官時代は後の「東京地検特捜部」となる昭和電工事件（注2）特別捜査本部で活躍し、裁判官時代には公職選挙法の戸別訪問禁止規定について違憲の疑いがあるとして、起訴された被告人に無罪判決（注3）を言い渡した人である。大阪高等裁判所の部総括判事を退官後、再び弁護士となり、普通の弁護士が敬遠するような国家権力に抗する難事件を担当する姿勢を貫いていた。小野寺弁護士は、かねてより深く尊敬していた環弁護士以外に平頂山事件弁護団の団長はいないと考えていた。環弁護士は、小野寺弁護士の依頼を受けて、団長となることを快諾した。

副団長の高和弁護士は、もともと南京虐殺事件に深い関心をもって愛知県豊橋市から被害調査活動に参加していたが、以来、平頂山事件弁護団の副団長として、経験のない若い弁護団と法曹五〇年以上の経験を持つ環団長の間で、唯一の中堅弁護士としてきわめて重要な役割を果たしていくこととなる。

また、小野寺弁護士が北京で方さんと会って訴訟提起を依頼された頃、後に平頂山事件弁護団をはじめとする全体弁護団の中心となっていく泉澤章、川上詩朗、大江京子は、まだ司法修習生の身分であった。彼らは、司法試験に合格して裁判官、検察官、弁護士となるための修習（トレーニング）を受けながら、青年法律家協会（青法協）会員として、戦後補償裁判をテーマとして共同研究を重ね、一九九六年四月、そろって、平頂山事件弁護団に加入した。翌九七年三月には、弁

リニューアル前の平頂山殉難同胞紀念館

護士二年目の坂本博之が、同年四月には弁護士になりたての穂積剛が弁護団に加入した。

✶初めての訪中調査――一九九七年一月

平頂山事件訴訟は、一九九六年八月一四日、東京地方裁判所に提訴された。事件の幸存者、莫徳勝、楊宝山、方素栄さんの三名の原告が、日本国に対し、平頂山事件で肉親をすべて殺され、その後も苦難の人生を強いられたことによって精神的損害を被《こうむ》ったとして、不法行為に基づき慰謝料一人二〇〇〇万円の賠償を求める裁判が始まった。

翌九七年一月二七日、提訴前に一度撫順に訪ねている高和弁護士と、原告たちとは初顔合わせとなる泉澤弁護士、川上弁護士の三名が、裁判提訴の説明と、この年の春に予定されていた第一回弁論の準備のため、弁護団として初めて訪中した。

初めて訪れた平頂山紀念館は、二〇〇七年に立て直された現在の建物と違い、かなり古びていて、今にも崩れ落ちそうな鉄筋三階建ての建物だった。電灯の切れている真っ暗な階段を上ると、暖房のそれほど効いていない三階の会議室のような場所に、莫徳勝さん、楊宝山さん、そして九五年七月に中国で発表された平頂山事件資料集『平頂山惨案』の著者である、元平頂山紀念館館長の佟達氏らが、弁護団の到着を待っていた。

儀礼的な挨拶をすませた後、細長い会議用のテーブルをはさんで向かい合わせに座ったとき、初めて三人の弁護士は、平頂山事件の幸存者と呼ばれる原告たちの顔をまじまじと見ることができた。弁護団にとって意外だったのは、莫さんの顔にも、楊さんの顔にも笑顔がないことだった。「感動の出会い」の場面を多少とも期待していた弁護団は、少々期待はずれの気持ちを抱きながらも、昨年の春に日本で平頂山事件弁護団が正式にできたこと、八月一四日に東京地裁に提訴したこと、そして、法廷が本格的に始まる今年の春には、法廷で意見陳述を行うため、どちらかの幸存者の方に日本に来てもらいことなどを説明した。また、同席していた平頂山紀念館の元館長佟達氏には、これから続く裁判で提出するために、平頂山事件の資料を貸してもらえないだろうかと申し入れた。

通訳を介して弁護士の話をじっと聞いていた莫さんの口から出た言葉は、弁護団が期待していたねぎらいや感謝の言葉とはほど遠いものであった。莫さんは、「いま説明してもらった『訴状』の内容について聞きたいことがある。『訴状』での請求金額は、日本円で一人あたり二〇〇〇万円となっているが、納得できない」と弁護団に詰め寄った。

請求金額については事前に協議がなされており、この裁判の目的は、平頂山事件という歴史的事実を日本政府に認めさせ、それに対する謝罪と賠償を求めることにあるというのが弁護団の認識であったため、まさか二〇〇〇万円という賠償金額自体が問題にされるとは思ってもいなかった。

それほどこの裁判で賠償金額が重要だったのか？——お金の問題についてこだわっている原告の言葉に、弁護団は意表をつかれ狼狽《ろうばい》し、ショックを受けた。このときの莫さんの態度の理由がわかったのは、この初訪中から数年後、莫さんと弁護団・支援者が、何度も交流を重ねるようになった後のことであった（一〇四〜一〇八ページ参照）。

さらに、佟達氏は、事件の証拠をぜひ貸してほしいという弁護団の申し出に対し、「証拠となるようなものをあなた方に直接貸すことはできない。そのようなことをしなくとも、あなた方の目の前にいる幸存者たちの存在が何よりの事件の証拠ではないですか。この方たちがいてもまだ、日本人は事件がなかったとでも言うのですか？」と、思いがけず厳しい対応である。

佟達氏

弁護団はあわてた。日本で裁判をする場合、最初から平頂山事件の事実があったことを前提にすることにはならないこと、事件の存在については証拠によって判断されなければならない、そのためにできるだけ生の証拠が必要なのだと必死に説明するが、話はかみ合わない。

短い昼食の時間を挟んで朝から続けていた弁護団と原告、そして平頂山紀念館側とのやりとりは、午後になっても延々と続いた。原告たちと「感動の対面」を期待していた弁護士たちの心は、先行きの不安でいっぱいとなっていた。二カ月後にせまった原告の来日。原告との意思疎通がきちんとできて、裁判での発言や各地で予定している証言集会で、日本の人たちと交流することはできるだろうか。

✴裁判を支える市民の運動

一九九五年八月七日の七三一部隊・南京虐殺・無差別爆撃訴訟並びに中国人「慰安婦」一次訴訟の提訴の日に合わせて、「中国人戦争被害者の要求を支える会」（略称「支える会」）が正式に発足した。支える会は、中国人戦争被害に見識のある各界の第一人者が呼びかけ人となり、中国人戦争被害賠償裁判支援を通じて、日本政府に対し、過去の過ちを認めて被害者に謝罪と正当な賠償をさせるという中国人被害者の要求を支え、日中両国民が歴史認識を共通のものとして真の友好関係を築くことを目指して活動する市民団体である。

「支える会」は一九九五年一二月、七三一部隊の問題に取り組む若いメンバーらと共催で七三一部隊の被害者の妻である原告敬蘭芝さんを日本に招いて集会を開催し、一九九七年二月にはさらに共催の輪を広げて、南京虐殺事件の被害者であり、原告である李秀英さんの全国証言集会（東京、横浜、名古屋、福岡）を成功させていた。

このように七三一部隊・南京虐殺事件・「慰安婦」事件などは、従来から問題意識を持ってこれらの問題に取り組む市民グループがあった。裁判の提訴にともなう原告の証言活動や裁判支援についても、まずこれらの既存の市民団体等で活躍する人たちに呼びかけて、支える会に参加してもらい、あるいは共催などの方法によって運動を展開していくことが可能であった。

ところが、平頂山事件には、弁護団が知りうる限りでは既存の支援組織や運動体、専門の研究者などは見あたらない。

莫徳勝さんの来日を実現し、全国各地で証言集会を開催して平頂山事件と裁判のことを広げなければならない。そのためには、市民の応援が不可欠である。

そこで、弁護団が呼びかけ人となり、支える会の中心メンバーをはじめとする各界の著名人に協力を呼びかけ、平頂山事件についての勉強会を開催し、そこに参加してくれたメンバーが中心となって、一九九七年一月末に、「証言を聞く会実行委員会」が発足した。莫さんの来日まで残り一カ月とわずかしかない。宿泊・送迎・歓迎会の手配、東京集会の準備と宣伝、全国各地への証言集会開催のお願い、そして来日費用捻出《ねんしゅつ》のためのカンパ集めと、十数名の「証言を聞く会実行委員会」のメンバーは連日奮闘して、莫さん初来日を支えた。

このときの体験であらためて痛感したことは、平頂山事件は、日本では全く知られていないということだった。まず多くの日本人に平頂山事件を知ってもらうことが何より必要だ。事実を知ってもらうことが裁判を支える市民の輪を広げることにもなる。以後、「常に市民とともに運動を担う」が、平頂山事件訴訟弁護団の当たり前の活動スタイルとなった。「運動は市民に任せて、弁護団は訴訟に専念する」スタイルは、平頂山に関しては許されない。誰かに頼ることは許されない。自分たちでやるしかない。こうして「莫徳勝さん第一回証言を聞く会」を担った市民と弁護士たちは、その後も結束して裁判とこれを支える運動を続けていくこととなる。

✴お金が無い！　どうする二〇〇万円

当時、先行訴訟の弁護団や支援団体からは、原告の招聘《しょうへい》費用・来日行動関係費用は、最低一人一〇〇万円かかると聞いていた。莫さんと付き添いの長男林義さんの二名で二〇〇万円だ。

弁護団と実行委員会のメンバーは、連日、労働組合や戦後補償裁判に賛同してくれる民間の各種団体、個人に対し、原告の来日費用のカンパをお願いし、一人あるいは一団体あたり数百円の単位から、五〇〇〇円、一万円とこつこつとカンパを取り付けていった。そのほか東京で開かれる証言集会のチケットの売り上げも合わせて、実行委員会はおよそ九〇万円を集めた。全国各地で莫さんの証言を聞く会を開く際には、現地の主催者の人たちが、カンパを集め、莫さんたちの交通費を現地負担とするなどして経済的にも応援してくれた。それでも六〇万円近い赤字が出てしまい、支える会や全体弁護団からの援助に頼らざるを得なかった。しかし、支える会や弁護団にしても特別のスポンサーがいるわけではない。支える会の財政は、会員からの会費収入とカンパで成り立っており、足りない部分は借り入れで賄《まかな》うしかない。全体弁護団の財政も基本的には個人の弁護士が自腹をきって支えている。

中国人戦後補償裁判は、最近の一部の例外を除き、裁判費用はもとより、原告が裁判等のために来日する費用（往復航空券・中国国内の移動費用やパスポート等の取得のための費用を含む）、日本滞在費用、日本国内移動費用等々すべてを日本側が用意することが当然とされていた。平頂山事件訴訟においても例外ではない。

当否は別として、なぜ、それが当然視されていたのか。ひとつには、日中間の貨幣価値の差が大きく、原告やその関係者に来日費用や弁護士費用を負担するだけの経済力がないことは初めから自明であったし、当時の中国では、裁判支援のための市民による募金、資産家の寄付その他裁判を支援する民間人の活動など発想自体存在せず、その社会的条件も存在しなかった。また、中国政府自体が、この裁判を積極的に支持しているとは到底考えられず、中国の一般国民は裁判自体を知らないか、知っていても、日本人弁護士に対して懐疑的であったり、なぜ彼らだけが原告となれるのかという冷ややかな対応だったのではなかろうか。

他方、日本では、公害・薬害・労働事件、刑事の冤罪《えんざい》事件などで市民が無償で裁判を支援したり、多くのカンパが寄せられることは珍しいことではないという事情に加え、戦後補償裁判は、中国人のためにする裁判というよりは、自分たち日本人のための裁判でもあるという意識が市民の側にあったことが大きいと思われる。

一〇年前はともかく、現在の中国の現状からみると日本側だけが原告らの訪日費用を負担しなければならない理由は見当たらない。しかし、現実には日本の弁護士や市民が費用を負担しなければ、訴訟提起自体が不可能であったし、その後も誰かが負担し続けなければ、裁判を続けることは不可能であったことは事実である。

ちなみに、平頂山事件訴訟では、莫さんの初来日のときの反省から、二〇〇〇年の楊さん、方さんの来日行動のときは、「証言を聞く会実行委員会」を早くから立ち上げ、全員でカンパを集め、チケットを売るなどして必要経費をすべて賄い、わずかながら黒字を出した。その後も、平頂山実行委員会では、原告が来日するたびにカンパ収入により、基本的にすべてやりくりしてきた。このことは、特筆すべきである。

このように市民が経済的にも裁判を支える日本の活動は、中国人には長く理解不能であったようだ。原告でさえ、最初は理解していなかった。どこかからお金をもらって日本人は動いていると思っている中国人は今でも多いのかもしれない。

✴莫徳勝さんの初来日と第一回口頭弁論

一九九七年三月一二日一三時五〇分、中国国際航空CA九二五便はほぼ定刻どおり成田に到着した。成田には出迎えのため、泉澤、川上、大江の弁護士三名と通訳の徳永淳子さん、藤井玲子さんが待機していた。「あっ、莫さんだ」。泉澤弁護士が真っ先に莫さんの姿を見つけて叫ぶ。泉澤弁護士は、莫さんらが来日できるかどうか最後まで心配だった。なにより一月のあの気まずい初顔合わせのことがずっと気がかりだった。成田での記者会見を終え、東京・赤坂のアジア会館にチェックインを済ませてから、一行は弁護団主催の歓迎会の会場に向かった。

歓迎会は六時スタートの予定だが、豊橋から駆けつける高和弁護士が開始時刻に間にあわないことはあらかじめわかっていた。弁護団が先に乾杯しようとすると、莫さんは、「弁護団の先生が全員揃うまで待ちます」と言って、誰がどんなに勧めても、頑としてグラスに手を付けようとしない。しかたなく全員、高和弁護士の到着待ちという一幕もあった。乾杯のあと、型どおり歓迎の挨拶と莫さんの挨拶がなされたが、莫さんと長男林義さんの表情は、終始硬かったのが印象的だった。莫さんがどんな思いで日本に来たか、そのとき何を考えていたかを弁護団が知るのはまだ先のことである（一〇四～一〇八ページ参照）。

翌日は、第一回口頭弁論での莫さんの意見陳述の打ち合わせを弁護士会で予定していた。普通は弁護団が原告と相談しながら意見陳述の内容を確定していくものであるが、莫さんは、部屋から全員を退出させて、一人で考えたいという。有無を言わさぬ厳しさで、弁護団も近づくことはできなかった。こうして平頂山事件訴訟第一回口頭弁論における記念すべき本邦初の被害者本人の意見陳述要旨ができあがった。

✷莫徳勝さんの意見陳述

一九九七年三月一四日、満員の一〇三号法廷（東京地裁では一番大きい法廷）で、平頂山事件の幸存者で、原告の莫さんの意見陳述が始まった。

平頂山虐殺事件は、日本軍国主義が中国を侵略し中国人民を虐殺した動かぬ証拠です。私は被害に遭《あ》って六五年が経つが、家族や同胞たちのことを片時も忘れることができません。一九三二年九月一六日、平頂山の三〇〇〇人余りの罪のない村人たちが、日本軍の銃と銃剣のもとに惨殺されたのです。

世界中の父母、兄弟、姉妹は誰もが家族への親愛の情を持って、ともに集いともに祝日を祝いたいと思っています。しかし、平頂山の父母兄弟たちは、一九三二年以来、永遠に家族と引き離され、二度と集うことも無く、恨みを抱いて冥土《めいど》に眠っています。

日本軍国主義は、日本人民にも同じように苦痛と災難を与えているのです。これらのことはわれわれに過去の歴史を忘れず、正しく歴史の教訓をくみとって、両国の友情を深めるべきであると教えています。われわれは、不幸な歴史によって鍛えられ両国人民の頭はさらに明晰《めいせき》となり、意思は強くなり、両国人民の友情を発展させ、深め、幾世代にもわたってそれが続いていくものと信じます。

莫さんの陳述は、被害者の陳述というよりは、むしろ個人的な感情は抑えて、中国人民を代表して日本政府と日本人民に対して演説をするかのような隙《すき》のない硬さも感じられた。しかし、自分の妹や母、祖父母、そして最愛の父が殺される場面になると、その記憶がまるで昨日のことのように甦り、ショックと悲しみのあまり、感情を抑えきれずに嗚咽《おえつ》を漏《も》らすのであった。

このとき、初めて莫さんの話を聞いた大江弁護士は、幸存者が語る事件の生々しさと残虐さに対して、あらためてショックを感じたと同時に、訓練された優秀な中国共産党員といった趣の堂々とした莫さんと、まるで目の前で父母を殺されて泣きじゃくる七歳の子どもの莫さんとが同居しているギャップに戸惑いを感じていた。しかし、莫さんの証言が、法廷を傍聴した人や証言集会に来てくれた多くの人たちに大きなインパクトを与えたこともまた紛れもない事実である。

第一回口頭弁論を終えて、弁護団長の環直彌弁護士は、記者の質問に答えて以下のように語った。

「莫氏は、公開の法廷において、本件被害の状況につき、体験に基づき生々しく語るとともに、この事件の正当な処理によって日中両国民の友誼《ゆうぎ》を深めることにしたい旨を熱情的に主張し、本件訴訟の意義を明らかにした。いわゆる証拠調べではないが、氏の陳述は必ずや裁判所に深い感動を与え、また、長い間本件を闇にうずもれさせてきた日本政府と国民にも誤りのない歴史認識と責任感を抱かせて、本件を良識的な処理に向かわせるのに大きな効果があったと確信する」弁護団全員の思いを代表しての団長の弁であった。

法廷のあった翌朝のニュースでは、平頂山事件が取り上げられ、第一回口頭弁論後に弁護士会館で開かれた報告集会のようすも流された。

✴通訳・藤井玲子さんの涙

実行委員会の呼びかけにこたえて、日中友好協会の会員をはじめ、戦後補償問題に関心を寄せて活動する人たちが、準備期間が限られていたにもかかわらず、莫さんの証言を聞く会を開いてくれた。莫さんは、三月一五日の東京集会（参加者二五〇名。以下同）、一六日は仙台で宮城集会（七〇名）、一七日は京都集会（四六名）、一九日には埼玉集会（五〇名）、二〇日には伊勢崎で群馬集会（六七名）、二二日には横浜の神奈川大学で行われた青年法律家協会主催の人権交流集会戦後補償分科会（五〇名）にでかけ、平頂山事件について証言を行った。

どこの集会でも、莫さんの話を聞いて平頂山事件を初めて知ったという人が多かった。莫さんの証言がきっかけで、支える会の支部ができたところもあるという。

通訳として来日から帰国まで莫さんと行動をともにした藤井玲子さんの同行記を紹介したい。

莫徳勝さんと通訳の藤井玲子さん

人と出会うということはどういうことなのだろう。莫さんと行動をともにしながらずっとそんなことを考えていた。莫さんは日本に来て沢山の人と出会った。日程半ばにして名刺が切れてしまうほど出会った。自分でもこんなに沢山の人と会うなんて予想もしていなかったのだろう。

莫さんは子供のような大人であった。よく人を見ていたと思う。多くの人の前に立つと「日本朋友」と言う言葉を使い、私にこっそりと話してくれた昔話に出てくる日本人はいつも「日本鬼子」だった。日本語は一言も覚えようとしなかった。まっすぐ相手を見て対応する姿勢はそれだけで見ていて感動的だった。日中友好のためとはいえ、何度も事件の話をするのは辛かっただろう。右も左もわからない日本で、いったいどんな思いを持って話していたのだろう。そして聞いていた日本人がいったいどれだけ莫さんの気持ちを理解していたのだろう。（中略）

初めて「鬼」の国日本に来て、緊張もしたし、慎重にもなったし、短い時間を大切にすごしたかったに違いない。その莫さんのはちきれんばかりの思いを、周りにいた人たちはどれだけ共有できたのであろうか。一緒にいる時間が長くなればなるほど、莫さんの深い思いを感じずにはいられなかった。莫さんは何も言わない人だから、なおさらその深さが私には耐えられなかった。私はいつも莫さんのそばで泣いていた。繋がれない自分と、莫さんと周りの人を繋げられない自分を考えた時、人と繋がるとは、人と出会うとは何なのか、頭の中はいつもそれだった。莫さんは日本でたくさんの人に会った。でも、本当に会ったのは一体何人だったのだろう。（『すおぺい』六号〈「すおぺい」とは、中国語で賠償請求の意〉、中国人戦争被害者の要求を支える会発行）

莫さんの証言を通訳しながらいつも涙をこらえていた藤井さん。他方で、お互いが意識しすぎなのか、何を話していいのかもわからず、莫さんと打ち解けることのできなかった弁護団がいた。出会った人々のそれぞれの胸に、もどかしさと強烈な印象を残して莫さんは三月二三日、中国に帰って行った。

✴平頂山事件についての資料がない！　研究者もいない！

裁判は起こしたものの、第一回口頭弁論期日が決まるまでの、裁判所とのやりとり、原告の招《しょう》聘《へい》手続きや来日中の行動を支える実行委員会の立ち上げ、各地の支援集会の開催の段取り、お金集めなどに追われていた弁護団は、ある日、ふとわれに返り、肝心の訴訟準備が進んでいないことに気がついた。証拠もない。資料もない。協力してもらうにも平頂山事件を研究している専門家なんて日本にいない。この先、一体どうするんだ裁判……。

とにかく支える会に井上久士先生という、中国の近現代政治史を専門とする学者がいるというので、相談してみようということになる。

証拠がないなら自分たちで探すしかない。これまで平頂山事件についての専門の研究が無ければ、自分たちで研究するしかない。こうして、井上久士さんを中心に、実行委員会などの市民に呼びかけて、「平頂山事件を学ぶ会」が結成された。メンバーはこつこつと地道な調査研究活動を続け、一九九九年には、その成果が「平頂山資料集」としてまとめられた。

それにしても、日本に残された平頂山事件関係の資料は少ない。依然として事件の実相は、闇に隠れたままだ。一九三二年の事件直後とポツダム宣言受諾直後からの日本政府ならびに軍による徹底した証拠隠滅《いんめつ》が図られていたことが事件解明の途を困難としていた。

また、当時弁護団が手に入れていた中国側の資料は、佟達氏の『平頂山惨案』が唯一の資料であった。この本は、一九五〇年代と一九七〇年代に中国が行った事件の被害者並びに関係者からの聞き取り等の資料を、佟達氏が整理した労作であり、事件を知るための重要な手がかりとなるものであった。しかし、弁護団は、翻訳料の工面ができないこと、こうした二次資料ではなく一次資料にあたりたいとの考えが強かったことから、当時はこの本をほとんど活用できないままにいた。

✴第二回弁護団訪中調査——一九九七年一一月

一九九七年、一通の手紙が全体弁護団の尾山宏団長に届いた。平頂山事件の幸存者の田廷秀さんという男性からの手紙であった。

事件当時、田さんは一七歳で、手紙には、自分の家族五名が殺され、自分も傷を受けながら生き残ったこと、事件後「乞食」をしながら流浪の生活を余儀なくされたこと、中国の解放後、平頂山事件の被害者として何度も証言を続けてきたこと、一九七一年に朝日新聞の本多勝一記者が撫順の現場を取材に来たときには、自分も取材を受けたこと、そして、現在の心境などが細かく綴られていた。

手紙には、平頂山の幸存者として、弁護団が、過去に日本軍国主義によって殺害された同胞のために裁判を起こしたと聞き、喜びに耐えない。自分もぜひ、この裁判の原告に加えてほしい、と書かれてあった。

弁護団は、その年の一一月に訪中を予定しており、田さんには、一一月に会いましょうとの返事を送った。

一一月一九日、北京から撫順に入った弁護団六名とボランティアで通訳を引き受けてくれた中国人留学生のKさんの七名は、莫さん、楊さんからの聞き取りと田さんの追加提訴問題を話し合うために、二〇日早朝、平頂山紀念館を訪れた。

ところが、田さんはすでに亡くなっていた。平頂山紀念館には、田さんの長女、長男の嫁、四男の三人が弁護団の到着を待っていた。

「父は、先月（一〇月）六日に亡くなりました。生きているうちに日本の弁護士に会いたいと言っていた。手紙を出したが返事がなかなか来ないので、もうだめだとあきらめた。『日本の弁護士が来たら自分に代わって話をしてくれ。自分のできなかったことをやってくれ』と言っていた。悔しい気持ちでいっぱいだった。父は、今年の初めに新聞を読んで平頂山事件の裁判のことを知るまでは、事件のことは、自分の死とともに終わりになると思っていた。それまで人間の尊厳を回復する方法を知らなかった。事件の話をするだけで、それはただの演説であって人間の尊厳を取り戻せるとは思っていなかった。裁判の原告になって日本政府に言いたいこと、それは、人間の尊厳の回復である。勝訴するまで父の意志を継いで頑張りたい」

田さんの長女は、亡くなったばかりの父親の無念を胸いっぱいにかかえながら、それでも弁護団に対して礼儀正しく、ひとつひとつ丁寧に問われるままに語ってくれた。

全体弁護団及び平頂山弁護団としては、原則として遺族については受任しない（裁判を引き受けない）という方針があった。それは、①遺族よりも、直接の被害者が原告となるほうが、裁判手続き上は証言の価値が高いなどの有利な点が多いこと、②中国人戦後補償裁判は、もともとすべての中国人の戦争被害についての賠償を要求することを目的とするものではなく、日本軍が中国で行った非人道的行為や残虐行為の中の代表的な事件を取り上げて、その事件の代表的な被害者が原告となって、訴訟を起こし、侵略戦争の歴史的事実を正視せず反省のない日本政府に対し、歴史的事実を認めさせ謝罪させることに意味があると考えられていたこと、このため代表となる原告は、遺族よりも直接被害を受けた幸存者のほうが通常の場合は適切であると考えられていたこと、③遺族を原告に含めると、原告の数が膨大となる恐れがあり、少ない弁護団ではとても対応できなくなるほか、原告になる人とならない人の区別という難しい問題がでてくるなどの理由による。

しかし、田さんのケースについては、弁護団もその場で即答できなかった。一応検討することとして持ち帰ったが、結局、裁判を受けられない理由を書いて、事務局長の泉澤弁護士から遺族に伝えることとなった。田さんだけを例外扱いにすると、同じ遺族の中で不公平になり、問題が起きることを懸念したためである。弁護団は、やむを得ないこととはいえ、心が痛んだ。同時に、同じ撫順にいながら、平頂山事件の被害者たちの横の連絡が全くないこと、平頂山紀念館などの中国の公的機関も、幸存者らの消息を掴《つか》んでいないらしいことは、驚きであった。

✴莫徳勝さんが主催してくれた晩餐会

田さんの遺族からの聞き取りの後に、莫さんと楊さんから、主に事件後のことを中心に聞き取りを行った。しかし、事件後から裁判提訴までの概要を聞き取るのが精一杯で時間が足りない。その日も暮れて、夕食の時間となってしまった。明日午後の便で帰国しなければならない。慣れない国で、慣れない作業と予期せぬ出来事に緊張し続けでみんなくたくたになっている。

暗い平頂山紀念館の階段を降りると、誘導されるままに車に乗りこみ、晩餐会《ばんさんかい》会場へと移動した。何がなんだかよくわからないが、誰かが夕食を用意してくれているらしい。丸テーブルを囲んで、たくさんの食事が運ばれてくる。「これは雷魚だ」と誰かが一皿ずつ説明してくれる。豪華な晩餐なのだ。莫さん、楊さんのほかは、佟達氏以外名前のわからない人ばかりだったが、会場には二〇名近くいた。とにかく環団長を筆頭に、大いに飲みかつ食べて、わけがわからないながら友好ムードを盛り上げる。飲むことにかけては割りと得意な弁護団である。前回の悲惨な訪中と比べると、今回は大分雰囲気が違う。宴も終わりに近づいて、ようやくこの晩餐会を主催してくれたのは莫さんらしいということがわかる。

翌朝早く、莫さんが、長男林義さんをつれてホテルを訪ねてくれた。バナナやりんごを山のように持っている。昨日、環団長が「果物が食べたい」ともらした言葉を気にしていたらしい。びっくりするやら恐縮するやらで、冷や汗が出たが、莫さんはいたってまじめな顔だ。ありがたくいただいた。

佟達氏と約束していたので、チェックアウトを済ませてから平頂山紀念館に寄る。佟達氏の本に載っている事件当時の新聞のコピーを見せてもらうためである。前日、資料提供のお願いをしていたが、さしたる前進はなかった。証拠物の写真撮影は最高人民法院か外交部もしくは国家文物局という役所の許可が必要とのことで、あとは私の本（『平頂山惨案』）に書いてあるとのやり取りに終始した。ただ、新聞のコピーなら佟達氏の権限で見せてくれるという。これも前回と比べると進歩である。

まだまだやり残したことも多いが、みんなほっとして中国が前より好きになって帰途についた。

✴第三回訪中調査――一九九九年一一月

弁護団は「平頂山事件を学ぶ会」のメンバーと資料の掘り起こしを行うとともに、戦後補償裁判特有の法的な争点を深める研究会活動を精力的に行って、準備書面にその成果を生かす努力を続けていた。

そして、二〇〇〇年二月に実施されることが決まった楊宝山さんと方素栄さんの本人尋問（注4）を準備するために、弁護団七名全員が揃って一一月二〇日から二六日まで、撫順で楊さん、莫さんから、昆明で方さんから、事件の聞き取りを行う強行日程をこなした。原告の方さんと会うのは、坂本弁護士を除いて全員このときが初めてであった。

弁護団から原告たちに対し、何度も同じことをしつこく確認することもあった。細かなことであっても矛盾点や疑問点があると、遠慮なく彼らにぶつけて、納得できるまで質問を繰り返した。弁護団としては、平頂山事件の事実関係について、あいまいなまま公表して、それが右翼から攻撃の対象となったり、裁判所の事実認定に悪影響を与えることだけは避けなければならなかった。何としても裁判所の認定に耐えうるだけの事実を明らかにしなければという思いが、経験の浅い弁護団の気負いとなって現れていたかもしれない。

他の戦後補償裁判の原告の中には、証言準備の過程で、私が生き証人だ、なぜ、私の言うことを信用しないと、弁護士に対して怒り出す人もいたという。莫さん、楊さん、方さんも、時にはもどかしく、腹立たしく感じたこともあったろう。しかし、彼らは一度もそのような態度を示さなかった。彼らは、弁護団なりの真剣さを、体で感じ取ってくれていたように思う。聞き取りは連日長時間に及ぶ。七〇歳を過ぎた老人たちは、われわれ弁護団が納得し、理解するまで、たとえそれが馬鹿げた質問であっても、粘り強く、辛抱強く、最後まで真剣に答えようとしてくれた。今思えば、原告たちの裁判にかける、驚くほど強い使命感と覚悟がそうさせていたのだと思う。原告たちの気迫と真剣さに触れるにつれて、弁護団もますます本気になって裁判にのめりこんでいった。

✴忘れられない旅

弁護団にとっては、今回の旅も忘れられない旅となった。撫順で泊まったホテルは暖房が入らず、通訳の藤井玲子さんは皮のコートを着たまま寝た。工事中でシンナーのにおいが立ち込める部屋。におい消しに生のたまねぎが置いてあった。撫順での昼食は、楊宝山さんと莫徳勝さんが連日、平頂山紀念館近くの小さな餃子屋でご馳走してくれた。穂積弁護士は出された餃子を残しては失礼と考えて、食べ過ぎておなかを壊した。莫さんが自分の工場の食堂で晩餐会を開いてくれたとき、気の毒な穂積弁護士のために特別に卵チャーハンを用意するように指示してくれた。

昆明は撫順とはうってかわって明るい大都会だった。暖かくて、ホテルも豪華で清潔だった。初めて会った方素栄さんは、弁護団全員に自ら餃子を作ってご馳走してくれた。

三度目の訪中——ようやく提訴から三年たって、弁護団全員が原告全員と顔を合わせることができた。本格的に事件当時のことを聞き取る作業に専念できたのもこのときが初めてだ。でも、事件の事実関係の聞き取りで手いっぱいで、事件の背景や原告たちの心の中の深い思いまで知るだけの余裕はまだない。原告以外の撫順の関係者とは依然よそよそしい関係が続いている。このときは平頂山紀念館の関係者とはほとんど話をしていない。

✴楊宝山さん、方素栄さんの初来日と原告本人尋問

楊さんと方さんは、二〇〇〇年二月二〇日、二一日と相次いで来日し、二五日の本番まで、必死の尋問準備が行われた。

平頂山事件は、原告らがそれぞれ、九歳（楊）、七歳（莫）、四歳（方）と幼少の頃に起きた事件である。事件後六〇数年を経た日本の法廷で被害者に証言してもらうときに、客観的事実としての信憑性《しんぴょうせい》と説得力と同時に、生々しさを持った感銘力を備えて表現することができるかどうかが勝負の分かれ目であり、弁護団の責務であった。

この点、平頂山の原告三名は、申し分のない優秀な原告であった。彼らは驚くほど鮮明な事件

当時の記憶を具体的な表現で語ることができた。その上、彼らはけっして誇張や修飾を交えて事実を表現することをしなかった。肉親が虐殺されるまさにその瞬間を語るときでさえ、思わず気持ちが激昂《げっこう》して涙を流し、声を詰まらせることはあっても、彼らの口から出る言葉は、驚くほど客観的で、幼いときに体験し見聞きしたありのままの事実そのものであり、同時に、体験した者でなければ語れない生々しく具体的な証言が、それぞれの口から語られていった。

二〇〇〇年二月二五日、東京地方裁判所一〇三号法廷で行われた楊さん、方さんの原告本人尋問は、傍聴をしていた人々に深い感銘を与えて終了した。休む間もなく、二人は弁護士らに付き添われて全国各地で、平頂山事件の証言を行った。これらの集会を成功させるために多くの人々が献身的に動いてくれた。楊さんは、札幌、東京、千葉、愛知、高知を、方さんは、東京、千葉、岐阜、福井、京都を訪問し、各地で暖かく迎えられた。

二月二六日、東京の飯田橋で開かれた集会には、一九五六年に撫順戦犯管理所に収容され、「満州国」戦犯の溥儀らとともに方さんの話を聞いたという元日本兵が参加していた。その人は、方さんの今日の証言が、前に聞いた内容と全く同じであったと述べ、改めて方さんに謝罪した。

そのとき、突然楊さんが立ち上がり、「悪いのはあなたではない、自分の罪を認めたことであなたは罪を償《つぐな》ったのだ」と大きな声で発言した。会場は一瞬静まり返り、その後、徐々に深い感動

方素栄さん夫妻と通訳の佐藤勝さん（左）

に包まれていった。岐阜の集会でも、撫順戦犯管理所で方さんの話を直接聞いた二人の元兵士が、「この機会を逃したら一生逢えない、ぜひお目にかかり、戦犯管理所で真人間に生き返らせていただいたお礼をしたい一心で来ました」と駆けつけた。戦後五五年経っても、戦争中に自分が犯した罪を忘れずに今も悔い続ける老いた元兵士たちと平頂山事件の被害者方さんは、岐阜の地で四五年ぶりの「再会」を果たしたのだ。

二月二五日の法廷で方さんの通訳をした若い佐藤勝さんは、以下のように書いている。

通訳という仕事は初めてで、経験も技術もない。法廷や集会の場で原告が心から訴えたいことを人々に伝えることができるだろうか。不安のあまり緊張した。方さんの表情もかなり険しかった。きっと緊張しているに違いない。方さんの証言を待つ間、方さんの手を握った。せめて、気持ちだけでも方さんの一番近くにいよう。

いよいよ方さんの証人尋問がはじまった。事件発生の当日、彼女の身に起こったことについて尋問が進められる。証言台の方さんは、機銃掃射の後、祖父の体の下敷きになったときに起こった出来事について証言した。そのとき、方さんの中でも、特に辛い記憶が鮮明に甦ったのであろう。言葉に詰まって涙を流していた。それまで緊張に耐えながら通訳をしていた私は、そこで、とてつもない痛みを感じた。彼女の心の痛みが、なぜか自分の体の中から湧き出てくるような気がした。そこからさらに私は必死になった。伝えないと、これを伝えないと……必死にそう思い続けた。

翌二六日、その日、方さんは東京集会で再び事件当時の経緯を語った。祖父の体の下敷きになってからの出来事を語るときは、やはり昨日と同じく、涙を流していた。それを通訳すると同時に、私は顔をあげて客席全体を見渡してみた。その時、会場全体の雰囲気が緊迫しているのがわかった。百人以上の人々が、まっすぐに方さんを見つめて話に聞き入っていた。今思えば、その場にいた人々は私が法廷証言のときに感じた痛みを同じように感じていたのではないだろうか。言葉を超えた本物の痛みをあの空間で共有し、方さんの気持ちに近づこうと、心が動く……あの瞬間、方さんと聴衆の心は一体となったのではないかとさえ思える。そして満場の拍手。

これは今回の通訳の仕事の中で一番印象に残った出来事だった。人と人が心から分かり合うというのは、こういうことなのかと感動した。言葉じゃない、心なんだと。集会が終わり一次会場に向かって歩いているとき、今度は方さんのほうから手を握ってきた。方さんが私に向けてくれた笑顔とその近しさが、非常に嬉しかった。(『すおぺい』二三号)

✴最大の壁——国家無答責の法理

「国家無答責の法理」とは、国の権力的行為により生じた損害について、国は賠償責任を負わないとする考え方をいう。戦後、国家賠償法が制定されるまでは、国家無答責の法理により国家賠償責任は否定されていたというのが、いわば「常識」としてまかりとおっていた。国は、一連の戦後補償裁判において、国家無答責の法理は、一八九〇(明治二三)年に確立された不動の法理ないし制度であると主張していた。国家無答責の法理を克服して、国の責任を認めさせることは不可能にも見えた。

戦後補償弁護団はこの「常識」に挑み、「国家無答責の法理」の根拠は何か、戦前、「国家無答責の法理」を明文で定めた法律があったのか、なぜ、当時も存在した民法の不法行為規定が本件では適用されないのか、国家無答責は外国人にも適用されるのか、戦前の判例は本当に国家無答責の法理を採用していたのか等々、研究を重ねた。

しかし、中国人戦争被害賠償請求事件弁護団で初の判決となった七三一部隊・南京虐殺・無差別空爆訴訟判決は、国家無答責を理由に敗訴した。その後、弁護団は学者の協力を求めて、行政法の芝池義一京都大学教授とめぐり合い、十数回にわたる勉強会のすえに、ついに戦前の亡霊「国家無答責の法理」の正体を暴く意見書（注5）が完成した。

芝池教授の意見の骨子は以下のとおりである。

国家無答責の法理は、明治二三年の時点で確立した確固不動の法理などではなく、明治憲法下の裁判所の判断（判例）の積み重ねにより徐々に形成されたものであること。したがって、裁判所は戦前の裁判所の判断（判例）に絶対的に拘束される理由はなく、現行憲法に従って解釈を行うべきであること。仮に、国家無答責（無責任）の法理を認めるとしても、それは国の権力的公務（例えば、強制執行処分、徴税処分、印鑑証明の発布、特許の付与など）が、法律により許されている場合に限る。また、そもそも外国人には適用されないというものである。

二〇〇一年一二月一九日、東京地方裁判所の大法廷において、芝池義一教授の学者証人尋問が実施された。国家無答責についての学者証人尋問は、少なくとも戦後補償裁判関係では日本で初めての快挙である。芝池意見書を証拠として提出した平頂山弁護団は、二〇〇二年六月、菊地洋一裁判長と面会し、芝池義一教授の証人採用を裁判所に迫った。

一般的には、我こそが法律解釈の専門家であり権威であると「自負」する裁判官に、法解釈についての学者証人尋問を採用させることは簡単ではない。その上、それまでの戦後補償裁判においては、戦前の国家の権力作用による不法行為について責任を問えないこと（国家無答責の法理）は、絶対的な法理であるとの認識が裁判所を支配していた。それは、戦前の国の不法行為が戦後になって問われた裁判事例がそれほど多くなく、国家賠償法施行（一九四七〈昭和二二〉年一〇月二七日）後については、同法により国の賠償義務が定められていたため、弁護士などの実務家にとっても実践的な必要性を欠き、国家無答責の法理についての研究がほとんど行われていなかったためである。

一九九〇年代後半以降に提訴された戦後補償裁判では、国家無答責の法理が最大の争点のひとつとなったことから、複数の権威ある学者の協力により、学術研究が大いに進み、その集大成のひとつが芝池教授の意見書として結実することとなる。弁護団は、この学術研究の到達点に立って、本件について、この国家無答責の法理の解明が決定的であることを理由に、学者尋問の採用を裁判所に迫り、ついに実現させた。

尋問は提出していた意見書をさらに補強する形で行われた。それまで誰も疑わず、戦後は研究もなされていなかった国家無答責の法理の虚偽のベールをはがし、その正体を白日の下に曝《さら》したといえる画期的な内容であった。

中国人戦後補償裁判では、それまで被告の国の代理人（検察官が務める）が、原告側の証人に反対尋問をしたことはなかった。しかし、この日は違っていた。国の代理人は攻撃的な反対尋問を行った。芝池教授が一つひとつこともなげに切り返すため、国の代理人はますます感情的になって、しつこく反対尋問を繰り返した。それだけ国も危機感を持ったのだろう。最後は、明治憲法一三条まで引用し、戦前は軍隊の行為、用兵などの軍令は、天皇の統帥権《とうすいけん》の範疇《はんちゅう》にある、したがって天皇無責任、国家は責任を負わないと言いたげな尋問まで行った。国家無答責の法理が破れそうになると、戦前の天皇の統帥権まで振りかざして恥じない国の代理人の態度に、弁護団は怒りを通り越して唖然とさせられた。

✴莫徳勝さんの本人尋問

芝池教授の証人尋問は一二月一九日の午後に実施され、その日の午前中には、莫さんの本人尋問が行われた。

本人尋問に先立ち、事前に弁護団は今回の尋問の意義と目的、尋問の内容などを詳細に書いて手紙で送り、莫さんは十分にこれを理解して中国で準備をしてから日本に来た。莫さんは一六日から一八日までの丸々三日間かけて、弁護団と真剣な打ち合わせを行い、本番を迎えた。

弁護団は、莫さんの本人尋問によって、平頂山事件がいわゆる戦争中の行為ではなく、平和に暮らす中国の一般市民を突然残虐の限りを尽くして虐殺した事件であること、これによる被害は甚大《じんだい》で現在もなお続いていることを裁判官に理解させ、司法としてこの事実の前に何をなすべきかという問題を突きつけようと考えた。絶対に莫さんの本人尋問を成功させて、裁判所の意識を変えて司法救済の決断をさせるんだという強い思いが、莫さん、弁護団、通訳の徳永淳子さん、証言を聞く会実行委員会メンバーの共通の思いであった。

当日の尋問はすばらしいものであった。裁判官三人の中で左陪席の一番若い裁判官が、尋問の途中から最後まで裁判官席から身を乗り出し、莫さんを食い入るように見つめ、我を忘れたように莫さんの一言一言に聞きいっていた正直な姿が印象的であった。

✴初めて知った莫さんの気持ち

本人尋問の準備のために、あらかじめ莫さんに手紙でいくつかの質問をして、答えてもらっていた。このやり取りによって初めて知ったことがたくさんある。

特に印象に残っているのは、「当初の弁護団との打ち合わせで、請求金額を問題にしたのはなぜか？」「最初に日本に来たとき（一九九七年三月）、どんな思いで来日したか。日本に来るのは嫌ではなかったか?」「各地で証言したときのことで何か印象に残ったことはあるか」「来日したことにより、それまで日本や日本人に抱いていた気持ちに変化はあったか」という質問に対する莫さんの答えである。

自分たちの事件を担当してくれる弁護士といっても、相手は肉親を虐殺した日本人。そのような日本人を心から信頼してはいなかった。はじめて出会う日本人弁護士たちが、自分がこれまで長い間受け続けてきた苦しみを、本当に理解しているかどうか、不信感を持っていたのです。

一九九七年三月一二日、初めて日本に来たとき、気にかかることが二つありました。ひとつは、日本政府が私の訴えに不満の意を示すのではないだろうか。私は拘束されるのではないか。ふたつは、日本兵が中国人民を虐殺した犯罪行為を私が暴《あば》けば、日本人民は嫌がるのではないだろうか。日本国民の憤激を買い、右翼が自分の命を狙うことも覚悟していました。

こんな思いで日本に来て、各界の人々と多方面にわたり交流する中で、私の心配事はすっかりなくなりました。自分の家族が殺害されたその国に来て訴える時、最初は憤《いきどお》りを感じ、心中穏やかではありませんでした。日本の人たちと交流し、日本の各地の集会で講演し、日本の人たちの心のこもったもてなしを受け、平和を愛し、戦争に反対する姿を目にし、集会での感動的な出会いなどを経て、私の不安な気持ちは消え去りました。そして、日本の人々は私たちに友好的であり、両国人民は子々孫々仲良く付き合っていけるのだということを深く心に感じとりました。

伊勢崎へ行ったとき、ある女性は「私は中国で生まれ育ち、私の父母は中国で亡くなりました。心の広い中国人はこの戦争孤児である私を成人するまで育ててくれました。私は日本に帰って来ましたが、私を育ててくれた中国の養父母への恩は一生忘れません。中国と中国人民のことをいつまでも忘れることがありません。この場を借りて、莫先生に深く感謝の意を表します」と言われました。

仙台で、ある若い教師が、私の講演のビデオと録音テープを自分の担任学級の中学生たちに放映し、歴史に対する理解をより明確にさせるのだと話してくれました。私は、日本の人々の正義と支持に深い感銘を受けました。

ある七六歳の老人が、「私はもと中国を侵略した日本軍の兵士です。私は自らのあの不名誉な人生の経歴に対し、今、あなたの前で慚愧《ざんき》の念と自らの恥辱をより一層深く感じています。私は、息子が中国に行ったとき、平頂山に行って私の代わりに謝罪してくれるように頼みましたが、将来必ず自分で平頂山に行き、犠牲になった方々の白骨に向かい、冤罪で亡くなった方々の魂に謝罪し、中国人民に謝罪します」と語ってくれました。

京都で、ある老人が、「日本は日清戦争から敗戦に至るまで中国を侵略したが、中国はかつて一度も日本を侵略したことがない。中国人に大変申し訳ないことをしてきた。慚愧に耐えない。心から平和を愛し、これからは二度と戦争を起こしてはならない」と自らを責め、話してくれました。私はここでも日本人民が戦争を嫌い、平和を愛する心の叫びを聞くことができました。

莫さんが賠償金額についてこだわったのは、まだ信頼関係とはほど遠い日本人弁護士たちから一方的に評価されたくない――はじめて接する弁護団に対する莫さんの態度のあらわれだったのだろう。

そして、初来日の時の莫さんが、生きて帰ることができないかもしれないとの悲壮な決意をもって日本にやって来たことを、われわれはこのとき初めて知った。実際に日本に来て、各地で証言集会を重ねるなかで、莫さんは、多くの日本人が無償で裁判の支援活動をしている姿に触れたこと、これまで憎しみの対象であった日本の中にも自分のために一生懸命支援してくれる人たちがいることを知ったときの驚きが如何に大きかったかも初めて知った。

自分たちの体験に悲しみの涙を流し、自分たちと一緒に怒り、そして自分たちに深い愛情をもって接してくれる平和を愛する日本人がいることを知り、莫さんは日本人に対する感情を変化させていったのである。

✴原爆資料館での莫さん

二〇〇一年一二月一九日、尋問後に東京で証言集会が開かれた。一三〇名を超す参加者を前に、莫さんは微塵《みじん》も疲れを見せず、気迫をこめて約一時間の証言と訴えをした。翌々日の二一日は神戸学院大学の播磨信義教授の尽力により、莫さんが大学の公開講義の講師となって学生らを前に平頂山事件の証言を行った。二二日は神戸での一般市民の証言集会、二三日は広島の証言集会で証言し、翌二四日は集会を主催した日中友好協会広島支部の皆さんの案内で、原爆資料館を見学し、慰霊碑に参拝した。

広島に通訳として同行されていた徳永淳子さんが、次のように記している。

二〇〇一年一二月末、日中友好協会広島県連の案内で広島平和記念資料館を見学した莫さんは、「いつも犠牲を強いられるのは何の罪もない一般庶民だ。」とつぶやいた。莫さんの脳裏にオーバーラップしたのは七〇年前のあの凄惨な虐殺現場ではなかっただろうか。出口に

莫徳勝さんと通訳の徳永淳子さん

用意されたサイン帳に「人類の恒久平和を心から願う」と一言記された。私は胸が詰まる思いでしばし言葉を失った。お互い口をつぐんだまま外へ出たが、莫さんの表情は厳しかった。解ってもらえただろうか、一層辛い思いをさせてしまったのではと気にかけながら平和記念公園に向かった。

広島平和都市記念碑の前で手を合わせる莫さんに、私は「安らかに眠ってください。過ちは繰り返しませぬから」と刻まれた碑文を訳した。莫さんはこらえていた怒りをぶつけるかのように、「人間の命の尊さは皆同じだ。何人といえどもそれを奪う権利はない！　自国の民の痛みが解らない人間に他国の民の痛みが解るはずがない！」と語気を強めて言われた。身の引きしまる思いがした。

（『平頂山ニュース』一四号、平頂山事件の勝利をめざす実行委員会）

✴一審判決「国家無答責」で敗訴——二〇〇二年六月二八日

判決の勝利を信じて、原告を代表し楊宝山さんが来日した。二〇〇二年六月二八日に出された東京地方裁判所民事第一〇部（裁判長菊地洋一）判決は、弁護団が提出した証拠に基づき、「この（撫順炭鉱）攻撃事件の直後、日本側守備隊は、中国側自衛軍の進軍経路上にあった平頂山村の住民が自衛軍と通じていたとして、同村の住民を掃討することを決定し、同日朝、独立守備隊第二大隊第二中隊等の部隊が平項山村に侵入した。旧日本兵らは、同村住民のほぼ全員を同村南西側の崖下に集めて包囲し、周囲から機関銃などで一斉に銃撃して殺傷した後、生存者を銃剣で刺突《しとつ》するなどして、その大半を殺害し、同時に村の住家に放火して焼き払った」などとして、一九三二年九月一六日の平頂山事件の日本軍による住民虐殺の事実をほぼ、原告の主張どおりの内容で認めた。

しかし、原告らの求めていた損害賠償請求については、国家賠償法が制定施行される以前におけるわが国の法制度は、「権力作用に基づく損害について国又は公共団体は賠償責任を負わないとする国家無答責の法理が採用されていた」として、「本件加害行為（住民虐殺行為）は、旧日本軍の中国における戦争行為・作戦活動に付随する行為であり、これらの行為はわが国の公権力の行使にあたる事実上の行為」であるから、「いわゆる国家無答責の法理により損害賠償責任を負わな

日本軍による住民虐殺の事実を認定したが、「国家無答責」の法理で原告の請求を棄却した一審判決

い」として、原告らの請求を棄却《ききゃく》した。

判決は、国家無答責の法理とは、「(国の) 損害賠償の根拠となる法律が存在していなかったから、損害賠償責任を負わない」とする法理であると判示した。しかし、戦前においても民法の不法行為の規定は存在しており、国の権力行為について、なぜ民法が適用されないのかについては、判決は直接的に理由を述べなかった。

二〇〇二年六月二九日、弁護団事務局長の泉澤弁護士が訪中し、六月三〇日、平頂山紀念館で一審敗訴判決の報告を行った。平頂山紀念館の元館長の佟達氏、撫順市社会科学院院長の傅波氏、撫順戦犯管理所の所長ら中国側の主だった関係者と、莫徳勝さんが参加した(楊宝山さんは、判決後も日本で政治家に対する要請行動などを行っていた)。

傅波氏は、勝敗はともかくとして事実が認められたことは一歩前進であり、感謝すると発言してくれたが、中国側の評価は概して厳しいもので、判決や日本政府の対応に対する怒りと批判が集中し、裁判については、初めから期待していなかった等の醒《さ》めた発言も多かった。報告会の雰囲気は全体として暗く希望を感じさせないものであった。

しかし、その中で莫さん一人は、「日本も若者は新しい意識が芽生えている。この前の訪日のときに大学で講義をしたが、私の話は若者にショックを与えた」と神戸学院大学での自らの経験を話して異を唱えた。また、中国側が激しい口調で日本人の道徳観を批判し、日本の発展は見込めないと非難する発言を、莫さんが遮《さえぎ》って、ただ一人矢面にたたされている泉澤弁護士をかばってくれた。

(注1) 中国人戦争被害賠償請求事件弁護団が担当した裁判

山西省「慰安婦」訴訟=山西省盂県進圭村で、日本軍兵士から銃剣で脅されるなどして拉致され、監禁されて強姦などの性暴力の対象となった被害者たちが、日本国に対し、損害賠償を請求した訴訟(一次訴訟=一九九五年八月七日提訴。二次訴訟=一九九六年二月二三日提訴)

七三一部隊・南京虐殺・無差別爆撃訴訟=夫や父親などを七三一部隊の人体実験によって殺害された

遺族、南京事件の際に強姦殺人未遂の被害を受けた被害者、福建省永安市で無差別爆撃にあい、片腕を失った被害者がともに、日本国を被告として損害賠償を請求した訴訟（一九九五年八月七日提訴）

旧日本軍遺棄毒ガス・砲弾被害事件訴訟＝旧日本軍が、中国東北地方に持ち込んで、敗戦前後に遺棄したまま放置した毒ガス兵器や通常砲弾により、戦後になって被害を受けた被害者が、日本国に対して損害賠償を請求した訴訟（一次訴訟＝一九九六年一二月九日提訴。二次訴訟＝一九九七年一〇月一六日提訴）

海南島戦時性暴力被害事件訴訟＝海南省・海南島に設置された「慰安所」や日本軍が設置した「慰安所」に監禁されて、日本軍兵士から強姦され続けた被害者が、名誉回復のための謝罪広告と損害賠償を請求した訴訟（二〇〇一年七月一六日提訴）

中国人強制連行・強制労働事件訴訟＝中国から強制連行されて、北海道の炭鉱で強制労働をさせられ、日本の敗戦間際に逃亡し、以後一三年間にわたり、北海道の山中で逃亡生活を続けた被害者が、日本国に対して損害賠償を請求した東京強制連行一次訴訟（一九九六年三月一八日提訴）以降、二〇〇四年一二月一七日までの間に、日本各地の事業所に強制連行されて強制労働をさせられた被害者が、国と企業に対して損害賠償を請求して提訴した一連の訴訟（東京二次訴訟、長野訴訟、北海道訴訟、京都大江山訴訟、新潟訴訟、福岡訴訟、群馬訴訟、宮崎訴訟、山形訴訟）。

一九九九年九月二二日、七三一部隊・南京・無差別空爆訴訟の東京地裁判決は、

「（本件当時我が国が中国においてした各種軍事行動は）その当時においてすら見るべき大義名分もなく、かつ、十分な将来展望もないまま、独断的かつ場当たり的に展開拡大推進されたもので、中国及び中国国民に対する弁解の余地のない帝国主義的、植民地主義的意図に基づく侵略行為にほかならず、（中

略）

わが国の侵略占領行為及びこれに派生する各種の非人道的な行為が長期にわたって続くことになり、これによって多数の中国国民に甚大な戦争被害を及ぼしたことは疑う余地のない歴史事実というべきであり、（中略）この点についてわが国が真摯に中国国民に対して謝罪すべきである」

と判示して事実を認めたが、国家無答責を理由に請求を棄却した。この他の事件についても、すべて原告らの主張にかかる事実が証拠に基づき認められている。

しかし、これまで原告の請求が認容され勝訴した判決は、①国に勝訴した強制連行・強制労働事件東京一次訴訟（東京地裁二〇〇一年七月一二日判決）、②加害企業に勝訴した強制連行・強制労働事件福岡一次訴訟（福岡地裁二〇〇二年四月二六日判決）、③国に勝訴した旧日本軍遺棄毒ガス・砲弾被害事件一次訴訟（東京地裁二〇〇三年九月二九日判決）、④国と加害企業に勝訴した新潟強制連行・強制労働訴訟（新潟地裁二〇〇四年三月二六日判決）のみであり、これらはいずれも控訴審において逆転敗訴している。

現在、訴訟が続いているのは、毒ガス等一次二次訴訟（最高裁に上告中）、海南島事件、長野・群馬・福岡・宮崎・山形の各強制連行強制労働事件（いずれも控訴審）である。

（参照：「中国人戦争被害者の要求を支える会」ホームページ〈http://www.suopei.org/index-j.html〉、『砂上の障壁―中国人戦後補償裁判一〇年の軌跡』中国人戦争被害賠償請求事件弁護団編著、日本評論社）

（注2）昭和電工事件＝一九四八年、戦後の復興資金の融資をめぐって起きた贈収賄事件。官僚や政治家、元首相の芦田均までが逮捕された。

（注3）公職選挙法の戸別訪問禁止規定＝公職選挙法一三八条一項は、選挙に関し戸別訪問をすることを禁じている。同法に違反したとして起訴された被告人が、戸別訪問禁止規定は、選挙活動の自由を侵

害し、表現の自由を保障した憲法二一条一項に違反するとして争った事件。当時東京地方裁判所の裁判官として事件を担当した環弁護士は、アメリカの憲法判例の違憲審査基準である「明白かつ現在の危険」の基準を採用し、言論の自由を事前に制限し、その違反行為を処罰しうるとするためには、重大な害悪が不可避的に生ずる緊急の切迫した危険があり、それを制限する以外の方法でその発生を防止しえない場合に限られるとし、当該戸別訪問禁止規定は、それがあらゆる戸別訪問を禁止するものと解する限り違憲の疑いが濃く、本件被告人の戸別訪問行為の態様等を総合すると、明白かつ現在の危険があるとは認められないとして、被告人に無罪を言い渡した（東京地裁昭和四二年三月七日判決：判例時報四九三号）。

（注4）証人尋問・本人尋問（当事者尋問）＝裁判の当事者以外の第三者（証人）が、自己の体験した事実関係を法廷で証言することを「証人尋問」、原告や被告のような裁判の当事者が法廷で証言するときは「本人尋問」と呼ぶ。なお、同じ証人尋問でも、学者や医者など専門知識を有する者が、裁判で争われている争点について、その専門的知識に基づいて意見を述べるときは、「鑑定人尋問」「専門家証人尋問」などと呼ぶ。

（注5）意見書・陳述書＝学者や医者など専門的知識を有する者が、裁判上の争点について、自らの専門的知識と経験に基づいて意見を書いた書面のことを「意見書」「鑑定意見書」「鑑定書」などと呼ぶ。それ以外の当事者や第三者で、裁判において争われている事実について述べた書面は意見書と呼ばず、「陳述書」と呼んでいる。

第Ⅳ章

信頼と和解
——裁判が結びつけた人々の絆

2007年９月16日に行われた平頂山同胞遇難75周年公祭大会

＊「平頂山同胞殉難七〇周年公祭大会」への参加が転機に

二〇〇二年二月の結審後、弁護団と実行委員会は、六月の判決に向けての準備と並行して、九月一六日に撫順で行われる平頂山同胞殉難七〇周年公祭大会への参加準備を進めていた。平頂山事件訴訟を応援する市民グループは、それまで原告の来日に合わせてそのつど、「証言を聞く会実行委員会」を結成するスタイルをとっていたが、二〇〇一年一二月の莫さん来日後から、「平頂山事件の勝利をめざす実行委員会」と改め、恒常的に活動をすることとなった。

実行委員会では、「今年（二〇〇二年）は平頂山事件から七〇年目の年にあたるから、中国で何か記念式典のようなものを企画しているのではないか」と議論になった。弁護団・実行委員会は、ちょうど他の団体から招待されて来日していた撫順市外事弁公室主任魏素宏氏、元戦犯管理所副所長孫国服氏らと四月に会うことができ、「平頂山事件の勝利をめざす実行委員会」として正式に七〇周年記念式典に参加して、平頂山事件訴訟のことを中国の人たちに知らせたいと申し入れたところ、幸いにも中国側の歓迎するところとなり、「平頂山事件の勝利をめざす実行委員会」は、正式に平頂山同胞殉難七〇周年公祭大会に招待されることとなった。招待といっても、もちろん旅費や宿泊費は参加者本人負担である。しかし、中国では、全く知られていないわれわれの活動を広く知らせる絶好の機会をつかみとったのである。

実行委員会では訪中準備に力を入れ、参加の呼びかけも積極的に行った。こうして、二〇〇二年九月一六日、「平頂山事件の勝利をめざす実行委員会」の訪中団（団長・環直彌）をはじめとして、呼びかけにこたえてくれた参加者総勢八〇名以上が、平頂山事件の現場で挙行された平頂山同胞殉難七〇周年公祭大会に参列した。われわれが式典会場に到着したときには、事件跡地に続く長い坂道は地元の小中高校の学生たちや人民解放軍の兵士らでびっしりと埋めつくされていた。参列者の数は優に一〇〇〇名を超すだろう。その中を通って日本の訪中団は来賓として最前列に案内される。

九時三〇分、厳《おごそ》かに式典が始まった。遼寧省、撫順市の共産党幹部や政府高官たちの挨拶に続き、幸存者代表として莫徳勝さんのスピーチがあり、その後、日本の来賓として私たち訪中団を代表して平頂山事件訴訟弁護団団長環直彌弁護士が挨拶を行った。

突き抜けるような青空のもと、日本からお父さんの坂本弁護士と一緒に参加した坂本義志君（当時九歳）を、中国のマスコミがとり囲んでいる。穂積弁護士を見かけた若い女性記者が叫んでいる。「この人、知ってる。写真で見た!」。その年の六月二八日の一審判決のときに、裁判所前で「不当判決」と書いた旗を掲げている穂積弁護士の写真が、どうやら撫順の新聞にも載っていたらしい。

午後からは、場所を撫順市政府大会議室に移して、撫順市社会科学院主催の撫順平頂山惨案七〇周年学術報告会が開催された。平頂山事件について日中の学術報告会（シンポジウム）が開催されたのはこのときが初めてである。日本側は、弁護団から大江弁護士と全体弁護団から幹事長（当時）の小野寺弁護士が、実行委員会からは事務局長の沖野章子さんと実行委員会委員長の井上久士駿河台大学教授がそれぞれ報告を行った。中国側は、遼寧省政治協商会議文学歴史委員主任の趙傑氏、撫順市社会科学院院長の傅波氏、元平頂山紀念館館長で撫順市文化局の佟達氏が報告を行った。

日本側の報告は、平頂山事件をはじめとする中国人戦争被害賠償訴訟にかかわる日本の弁護士・市民の活動とそれにかける思いを中国側に知ってもらうことに力点が置かれた。これに対し、中国側の報告は、日本軍の中国侵略と大量虐殺事例の歴史的考察や日本政府の戦争責任意識の欠如を指摘する報告、平頂山訴訟一審判決の不当性を激しく非難する報告など、当時の小泉首相の靖国参拝問題に象徴される日本の右翼的潮流に対する警戒感が共通の特徴であった。

しかし、シンポジウムが終了したときの感触は悪いものではなかった。日本側は、やっと掴んだこの機会を、単なる儀式的なセレモニーに終わらせることなく、日中の相互理解の第一歩としようと入念な準備をして臨んだ。事前に日本側発言原稿をすべて翻訳して中国側に送っていたことも効を奏したのかもしれない。最後に、主催者から石炭で作られた立派な馬の置物が記念品と

傅波撫順市社会科学院院長

して贈呈されて、日中シンポジウムは友好的な雰囲気のうちに幕を閉じた。

帰国後の一一月、撫順市社会科学院院長の傅波氏から一通の手紙を受け取った。そこには、「……七〇周年シンポジウムにおける皆様方の報告を聞き、平頂山事件の日本での裁判状況や先生方が正義のために、平頂山事件の勝訴判決を勝ち取るために、奔走されていることを知り、大変感動いたしました。（中略）平頂山事件の調査、研究に関して私たちは、先生方のご提案に大賛成です。平頂山事件実行委員会、平頂山弁護団と今後一層協力関係を深め、ともに私たちの歴史的使命を果たしていきたいと願っています」と書かれてあった。

平頂山同胞殉難七〇周年公祭大会への参加は、その後の日中（撫順市）相互の信頼関係の構築に繋がる、計り知れない、数多くの成果をもたらした。

まず、私たちを驚かせたのは、撫順市側の暖かい歓待ぶりである。式典前日に訪問した撫順戦犯管理所では、盛大な歓迎夕食会を用意してくれていた。一六日夜は撫順市主催の歓迎夕食会がホテルで盛大に開かれた。行く先々で日本のグループは来賓として中国の人たちから心のこもった扱いを受けた。

最大の成果は、なんといっても撫順市社会科学院や平頂山紀念館との間で、平頂山事件訴訟に関する協力関係への大きな一歩を築けたことである。一七日午前九時三〇分から約一時間、弁護団と実行委員会のメンバーは平頂山紀念館を訪問して肖景全館長（当時）と協議を行った。その場には莫徳勝さんと楊宝山さんも同席した。

協議は短時間のうちに、①幸存者・遺族についての調査、②平頂山事件の周知のための資料展示、③平頂山事件の事実の究明のための証拠の開示と情報交換など、多岐にわたった。日本側の具体的な提案について、肖館長から積極的に協力したいとの回答をもらうことができた。

なかでも私たちを驚かせたのは、肖館長から、中国国内で平頂山事件訴訟の支援団体を結成したいという話が出たことである（一六四〜一六六ページ参照）。

「七三一細菌戦裁判には、中国でも支援団体が結成されている。平頂山の場合も同様に支援団体を結成したいと考え、すでに民間団体の結成を上層部に申請している」「中国国内で実際に運動をしきるのは、平頂山紀念館よりも上部の団体が担当するのがよいだろう」と、これまでにない率直な発言内容に驚かされる。

肖館長は、「必ずやりましょう。撫順市側ももっと頑張らなくてはならない。これは民間の訴訟であり、民間でやっていかなくてはならない」「いっしょに頑張りましょう。共同でやりましょう」と力強く言ってくれた。予想もしなかった館長の言葉に、一同、感激して平頂山紀念館を後にした。


その日の昼食は、莫さんが市内のレストランに実行委員会と弁護団のメンバー全員を招待してくれた。三〇人近い人たちが一同に会して、最高に満ち足りた昼食をいただくことができた。この日の昼食の光景は今でも目に浮かぶ。莫さん、楊さんと日本の市民たちが、打ち解けた雰囲気の中、家族的な交流のひと時を過ごした。

莫さんはこの日初めて、次男春義夫婦をわれわれに紹介し、楊さんも娘さんを紹介してくれた。みんなが笑っている。いつもはめったに笑わない莫さんまで笑っている。何度も乾杯して再会を誓いあった。日本から通訳として同行していた全体弁護団事務局の吉原雅子さんは、お別れのとき、莫さん、楊さんのそばをいつまでも離れることができずに涙を流していた。吉原さんは、訪中団報告集に、次のような、生涯忘れられない旅の感動を記した。

国と国ではない。人と人。国籍も年齢も関係ない。ただ相手を想う。痛みを分かる。何かを創り出したいと願い、ひたすらに進もうと動き出す。そんな人たちの渦の中にいた私は、このときが永遠ならと願い、涙しました。手を取り合い、杯を交わし、心を結び合った日本と中国の民と民。この波は裁判官にも政府にも誰にも止めることはできません。（中略）

極限の悲しみや痛みを超えて、彼らには計り知れない優しさや強さや、深さがありました。決して癒えることのない傷を心に持ちながら、純粋な人間のありかたを失わず人としての振る舞いを忘れずにいる。私にとってはあまりにセンセーショナルな未知なる世界との遭遇でした。あの楊さんの心を、莫さんの言葉を忘れることができません。（『平頂山事件七〇周年紀念大会訪中団報告集』平頂山事件の勝利をめざす実行委員会発行）

✴控訴審の闘いへ

九月一六日の平頂山同胞殉難七〇周年公祭大会の参加と相前後して、弁護団は一審における訴訟活動を振り返って分析する会議を続けていた。事実を認めながら国家無答責の法理で請求を棄却した地裁判決のギャップの激しさに弁護団はこだわった。

訴訟を続ける中で、平頂山事件の事実が深まったこと、既存の研究が全くない中で、裁判所に事実認定させたことは成果といえる。しかし、この事実の認定が、法律解釈に全く反映されていないのは、なにゆえであろうか。

平頂山事件の事実の持つ重大性を、裁判所が真摯に受けとめたならば、相応しい解決（国の責任を認めて、原告たちに賠償を命じる）を模索するのが司法の任務ではないか。国家無答責や除斥《じょせき》（一三九〜一四一ページ参照）などの理由で原告らの正当な権利を退けることは、法の目的である正義公平の理念に反し許されないはずだ。平頂山事件は、東京地裁判決のいうように「旧日本軍の中国における戦争行為・作戦活動に付随する行為」として、戦争だから仕方がなかったと片付けられる性質のものではない。

こうして、控訴審での裁判の目標が定まっていった。

おりしも、平頂山事件の控訴審第一回口頭弁論が始まる直前の二〇〇三年一月一五日、京都地方裁判所は、強制連行・強制労働京都大江山訴訟判決において、初めて国家無答責の法理を排斥する判断を下した。

なぜ、国の権力的行為による損害には、民法の不法行為規定が適用されないのか。京都地裁判決は、この問題について初めて踏みこんだ分析を加えた。判決は、国家無答責の法理が認められるのは、国家権力が強制力を行使して人の権利を侵害してもなお国家の責任を問うべきでない「保護すべき権力作用」（責任を問うことになると国家が重要な公務を遂行できなくなるから）があるからだとした。しかし、中国人を強制連行して強制労働させる行為は、法的根拠もなく、その内容も「保護すべき」権力作用とはいえないのであるから、国家無答責の法理の適用はないとして、民法の不法行為規定の適用を認めた。あきらかに芝池教授の学説が影響を及ぼした判決である。

やった、ついにやった……という静かな興奮が、全国の弁護団に走る。一時は、克服不能ではないかとさえ思った国家無答責の壁をついに崩した。京都地裁判決に続き、二〇〇三年三月一一日には東京地方裁判所（強制連行強制労働二次訴訟）、同年七月二二日には東京高等裁判所（アジア太平洋戦争韓国人犠牲者補償請求事件）で、相次いで、国家無答責の法理を適用しないとする判断が下された。

国家無答責克服の流れはでき上がった。困難を極めた戦後補償裁判の経過の中で、平頂山訴訟の提訴以来六年半にしてようやく「絶対に勝とう！」が全員の決意となり、確信となった。

✴莫徳勝さん、渾身の訴え――二〇〇三年二月一七日

いよいよ控訴審のスタートである。二〇〇三年二月一七日、控訴審第一回口頭弁論期日、東京高等裁判所の大法廷（一〇一号法廷）は、裁判の勝利を願って傍聴に詰め掛けた人々で満席だった。

控訴審第一回口頭弁論で、莫さんが原告（控訴人）を代表して、意見陳述を行うことになっていた。実行委員会では、二〇〇二年一二月から、莫さんの来日準備を開始する。まず、渡航費用・来日滞在費用のカンパ集め、莫さんの来日中のスケジュールを確定して、日々の通訳の手配、付き添いの分担を定め、二月一七日夜の報告集会の会場を確保し、『平頂山ニュース』を発行して法廷傍聴を呼びかけるなど、準備に余念がない。原告たちを迎えるのも五度目となり、実行委員会のメンバーは大分手馴れてきている。莫さんの来日とともに、なんとしても控訴審第一回期日を成功させるんだという活気にみなぎっている。

莫さんと弁護団は、二月一四日から一六日まで連日、意見陳述の打ち合わせを行った。控訴審第一回の原告の訴えが、これから始まる裁判にとってどれほど大切か、莫さんも通訳の徳永淳子さんも痛いほど感じている。弁護団の気迫に莫さんも気迫で応える。いつものように通訳の徳永さんが、莫さんと弁護団の思いを繋ぐ。真剣な討議が繰り返され、何度も練り直して、意見陳述原稿ができ上がった。

二〇〇三年二月一七日、静まりかえる東京高裁一〇一号法廷に、まもなく八〇歳にならんとする老人とはとても思えない莫さんの力のこもった声が響く。

「平頂山事件からすでに七〇年が過ぎ去りました。この不幸な歴史を振り返ると、心を痛め、涙せずにはいられません」

「私の家族、そして三〇〇〇人余りの同胞に思いをはせない日はありません。血と涙が残るこの歴史、動かぬ証拠が山ほどあるこの虐殺事件。私は被害者たちのために正義を申立て、公正な道理ある判決を求めます。これは歴史が私に与えた使命です。この使命を果たすために、私は裁判を起こしました」

「最後に、裁判官の方々にお願いします。法に基づき、自らの決断によって、公平に裁いてください。私はすでに七九歳の高齢です。私の命のあるうちに、公正な判決をお願いします」

「裁判官の方々、ぜひ、撫順の遺骨館に足を運んでください。歓迎いたします」

と結んで意見陳述を終えた。

✴莫さんにとって、平頂山事件の解決とは何ですか？

莫さんの来日はこれで最後となった。控訴審第一回期日の後まもなく、莫さんは病を得て、入退院を繰り返すようになる。でも、このときの莫さんは、まだまだ元気だった。気迫に満ちたいつもの莫さんだった。

二〇〇三年二月一九日、昼食後ぽっかりと時間があいた。場所は弁護士会館の一室。莫さんとゆっくり話のできる絶好の機会であると考えた大江弁護士は、以下のように切り出した。

「裁判（司法）による解決は、原告三名に対する損害賠償に限られる。平頂山事件で虐殺された三〇〇〇名あまりの無辜《むこ》の被害者にとっての最終解決は、司法によっては図れない。これは、政治部門（日本政府・国会）に対して要求していくべきものと考えます。この意味でいう平頂山事件の政治的解決とは何か。莫さんの考えを聞かせてください」

大江弁護士の話を徳永さんが通訳し始めると、莫さんは、ゆっくりと何回もうなずきながら聞いている。通訳し終わったところで、莫さんは、表情を厳しくして居住まいを正し、正面から大江弁護士の目を見て、「率直に申し上げてよろしいでしょうか」と尋ねた。莫さんの口から何が出てくるのか、大江弁護士が緊張しながら「もちろんです」とうなずくのを見ると、莫さんは、静かに一言ずつ力をこめて語りだした。

第一に、日本政府（日本国）の名義で、かつ、日本政府（日本国）の費用で、謝罪の碑を建ててほしい。侵略の事実・平頂山住民虐殺の事実を認め、それが間違っていたということを、碑に銘記してほしい。

謝罪の碑を建てるということは、行動で示すということだ。日本の国が、具体的な行動であらわせば、中国の国民にとってもいい影響を与えるだろう。日本が本当に真摯《しんし》な反省の気持ちがあるなら、行動で示してほしい。

私は、一九九七年三月、日本から帰った後、中国で、自分が日本で体験したことを何回も講演した。大多数の日本人は友好的であると私は話したが、聞いている中国人は、すんなりと信用しようとはしない。もし、日本が謝罪の碑を建てるという行動を起こせば、アジア全体にも影響を与えると思う。人民日報をはじめマスメディアが報道し、全国に流される。みんなが、日本は、口先だけでなく本気だとわかる。小泉首相が靖国神社に参拝している。日本の軍国主義の体質や野心は消えていないと中国人はみんな思っている。もし、日本政府が、この具体的な行動をすれば、こういう問題も解決するでしょう。

第二に、三〇〇〇人の同胞のために、償いの意味を態度で表明してほしい。謝罪をしても賠償をしても、亡くなった人にそれを届けることができない。亡くなった人に対する、一番の供養として、日本国の費用で陵苑《りょうえん》を造ってほしい。

三番目は、以上の最終解決にあたっては、われわれ三人以外にも、ほかに幸存者がいるのなら、ぜひ、その人たちの意見も尊重してほしい。

莫さんは、終始背筋を伸ばし、鋭い眼光で、途中滞ることなく語り終えた。聞き終えた大江弁護士は、しばらく言葉を発することができなかった。一種表現できない、不思議な、あえて言うならば神聖な感動を覚えていた。

七〇年前、壮絶な三〇〇〇人の住民虐殺の現場にいた七歳の莫さん。目の前で母や妹、祖父母、父が血だらけになって死んでいった。そのときからひとりぼっちになってしまった莫さん。莫さんは、これまでどんな思いを秘めて生きてきたのだろう。七〇年後の今、日本人の弁護士に向かって、平頂山事件の最終解決について思いをこめて真剣に語ってくれた莫さん。その言葉はあまりにも重い。

日本にとっても中国にとってもきっといい影響を与えるに違いないと莫さんは力説した。恨みをはらすためにやっているのではない。お金が欲しくて裁判をしているのではない。自分のかけがえのない家族を皆殺しにした日本軍、終生憎んでも憎みきれないであろう日本という国に対して、憤怒《ふんぬ》や罵倒、怨嗟《えんさ》の言葉を吐くのではない。原爆資料館で「人類の恒久平和を心から願う」と記帳した莫さん。あくまで静かに語る言葉には、「三〇〇〇名の被害者のために正義を申し立てる」ことを使命として生きてきた莫さんの強い信念がこめられていた。

事件から七〇年。解放後も中国の地で数々の苦難を生き抜きながら、それでも一日たりとも忘れなかったあの虐殺の日の光景。これまでずっと秘めてきた平頂山事件の幸存者、莫さんの日本政府に対する要求は、あまりにも「ささやか」で、優しさに満ちた「当たり前」の要求だった。

✴莫徳勝さんのお見舞い

二〇〇三年一一月二九日から一二月三日までの日程で、原告らとの面談調査、撫順市社会科学院院長の傅波氏や平頂山紀念館の肖景全館長らと、より詳細な資料研究をすることを目的として、弁護団五名（泉澤、大江、川上、坂本、穂積）と通訳の徳永淳子さんは撫順へ飛んだ。

弁護団には、心配なことがあった。訪中前の連絡では、莫さんが瀋陽の病院に入院中だという。

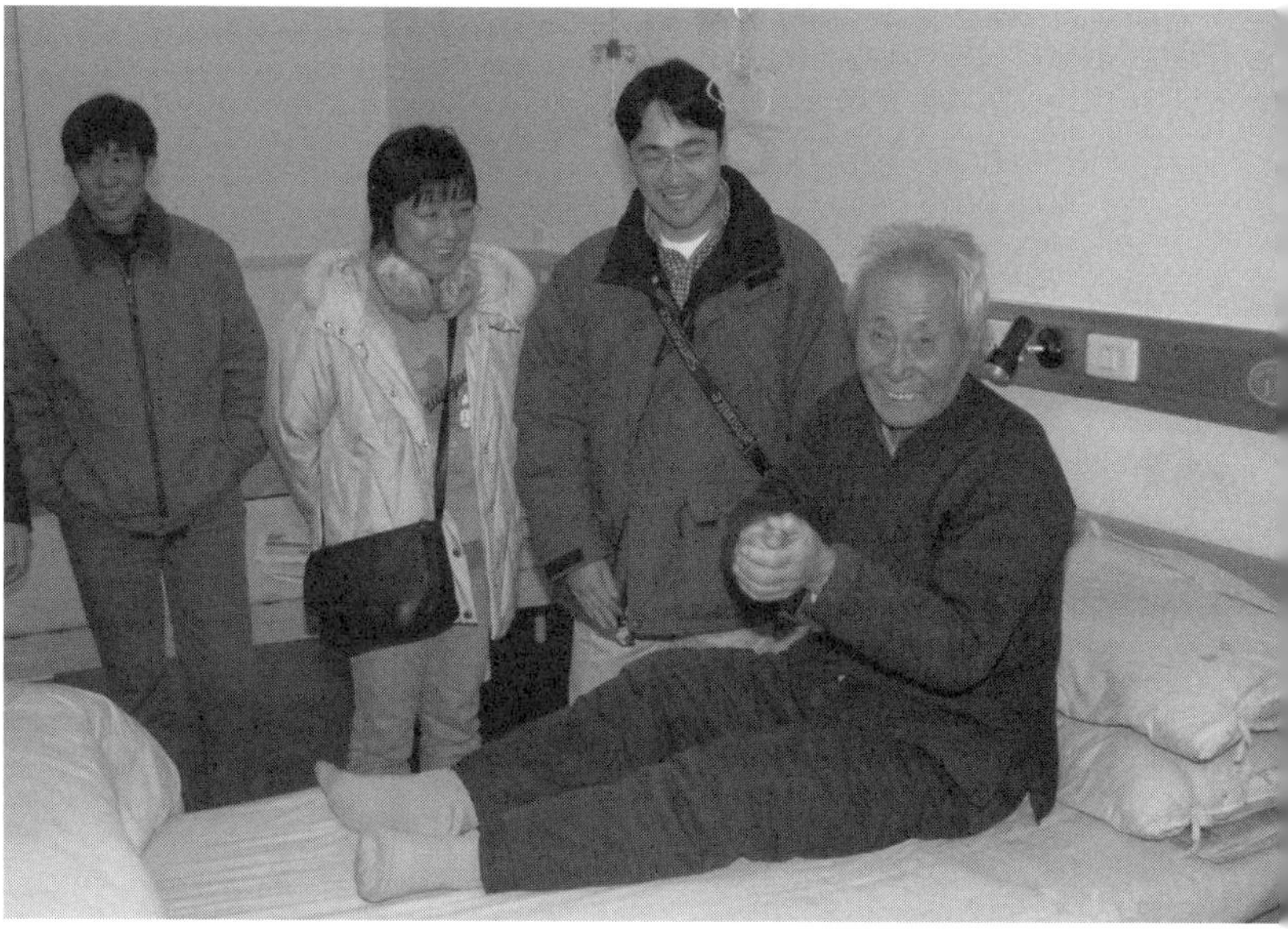
入院中の莫徳勝さんを見舞った泉澤章弁護士と大江京子弁護士

撫順についてからも莫さんのお宅に何度か電話をかけてようやくようすがわかる。病状は回復して今は自宅近くの病院に転院し、まもなく退院できる見込みであるという。それなら「ひと目あってすぐに帰るから」と、遠慮する家族を説得して病院にお見舞いに行く。

莫さんは痩せていたがベッドに座り、私たち一行を嬉しそうに迎えてくれた。感染を気遣ってか、弁護団が手を差し伸べても自分の両手を胸の前にあわせたまま触ろうとしない。それでも思ったより元気そうな莫さんに会えたことで、みんなホッとして自然に笑みがこぼれた。弁護団が一緒に撮った写真の中で、こんなに嬉しそうな笑顔の莫さんは、皮肉なことに病院で撮ったこの一枚だけである。

病院を後にした弁護団と徳永さんは、莫さんの自宅に行き、長男の林義さん、次男の春義さん、次女の銀鳳さんの三名と、夕食の鍋をつつき、酒を酌み交わしながら莫さんの話をした。林義さんや銀鳳さんにとって父親としての莫さんは、「正統派の人（筋を通す人の意）でまじめで厳しかった」「定年退職まで子どもが寝てから帰ってくる生活だった」「一緒に遊んだ思い出はほとんどない」であったのと対象的に、末っ子の春義さんは、「小さかったので一番かわいがられていた」らしい。

文化大革命のとき、紅衛兵が互いに武器を持って派閥闘争を繰り返していた。莫さんは工場に寝泊りして工場を守った。トラックで武装組織が入って来ようとするのを、莫さんは体を張って止めたといった話はいかにも莫さんらしくておもしろかった。銀鳳さんは入院中の莫さんの世話をするために広東から来ていた。はじめてお会いしたが、顔が莫さんにそっくりだ。裁判の意義を理解しながらも、父親の健康を心配する一人の娘として素直な感情を語ってくれた。

✴楊宝山さんの事件後の足跡をたどる

二〇〇三年一一月三〇日、楊さんと会う。楊さんはとても元気だった。いつもの人懐っこい笑顔でわれわれを迎えてくれた。事件後の楊さんの生活を詳しく聞き取り、マイクロバスに乗って楊さんが事件現場から逃げた足跡をたどる作業を行った。楊さんが家族と暮らした住居跡地からはじまり、日本兵に事件現場まで追い立てられていった道、事件現場から一人で逃げた千金堡のコウリャン畑の方面から、叔父さんの家にたどり着くまでの長く辛い道程を知った。

事件後一日目の夜は血だらけで一人でコウリャン畑の中で眠ったこと。翌日、平頂山虐殺現場から逃げ出した張学端さんの家族三名と行き会い、その日は四人で農家の空き家で寝たこと、張さんのお兄さんは、肩とお腹とわき腹を銃剣で突かれており、足には銃弾で撃たれた傷もあり、出血がひどくて亡くなったこと。その翌日、張さんのお兄さんをコウリャン畑に埋葬したこと、三人で葦子峡方面に逃げていたときに大刀会の一隊と出会い、張さんとそのおじさんは馬車で、楊さんは担架で葦子峡まで連れて行ってもらったこと。

大刀会は、自分の見たところでは一〇〇人あるいはそれ以上いたこと、三日間くらいで葦子峡に到着したこと、そこから徒歩で永領鎮まで大刀会と一緒に歩いていったこと、人目に付かないように夜中にわき道を選んで歩いたこと。大刀会は平頂山の住民虐殺のことを知っており、子どもがこんな目にあわされたのは自分たちのせいだというようなことを楊さんに言ったこと。

永領鎮で大刀会とは別れて、楊さんと張さんらの三名は、錯草溝にいる楊さんの叔父さん（お母さんの弟）の家を頼って行ったこと、叔父さんの家に着いたのは記憶では一一月末か一二月にかけての頃で寒かったので叔父さんが綿入れを作ってくれたことなどなど、楊さんから話を聞く。

楊さんの叔父さんは農民で、弟二人とお祖父さん（楊さんの母の父）と四人で暮らしていた。お祖父さんはいつまでもここに居ていいと言ってくれたが、生活が貧しかったため、楊さんは、事

楊宝山夫妻と飼い犬のホァンホァン

件の翌年五月頃から、永領鎮の地主の屋敷で豚飼いの仕事を始めた。楊さんが一〇歳のときだ。それから七〇年後、かつて豚飼いの仕事をしていた地主の屋敷跡地に立った楊さんは、「自分が寝起きしていた小屋はとても寒くて、犬を抱いて寒さに耐えた」と言って、その当時を思い出したのか涙を流した。

楊さんが犬が大好きなことは、みんな知っていた。「ホァンホァン」という名前の白い犬をずっと飼っていて、子どものように可愛がっていた。平頂山事件で家族を虐殺されてからは、ずっと犬が楊さんの友だちだったのだ。

事件後二年くらいは、楊さんがみる夢は虐殺の場面ではなく、家族と一緒に幸せに暮らしていたときの風景で、お母さんの夢をよくみていたという。目が覚めると夢だとわかり、悲しくて辛かったと楊さんは言った。

楊さんが来日するときにはいつも、楊さんの長女の夫が付き添う。楊さんは、自分にもしものことがあったら、裁判のことはすべて撫順の公安（警察）出身のこの娘婿に任せると言っている。一二月二日、弁護団一行はこの娘婿の立派な自宅を訪ね、楊さんの妻、趙玉珍さんとはじめて会って話を聞いたが、彼女は、われわれに対して固い表情を崩さず、敵意とまではいわないが、さりとて親密な態度をとることはできないというきっぱりした態度を示した。「楊さんが、裁判を起こすといわれたとき、あなたはどう思いましたか」という弁護団の質問に対しても、「賛成するに決まっている。私にそんなことを聞くのは野暮だ」とピシャリと言って切り捨てた。初めて会った日本人弁護士に対して、どのような態度を示せばよいか彼女なりに悩んだのだろう。日本人など信用できないという彼女の気持ちが伝わった。

娘婿の家で夕食をご馳走になってから、楊さん夫婦と一緒に楊さんの住むアパートに寄った。古いアパートの三階までゆっくりと暗い階段を昇って質素な部屋に通された。犬のホァンホァンがかけ寄ってくる。玉珍さんのわれわれに対する表情も先ほどとは異なり優しくなった。老夫婦と犬のホァンホァンがこのアパートで静かにつつましく余生を送っているのだ。

✴莫さんからの手紙

弁護団は帰国後、訪中でお世話になった人々に御礼をかねてクリスマスカードを送った。年が明けて、莫さんから手紙が届いた。日付は二〇〇三年一二月二三日となっている。

環直彌先生　各位先生

クリスマスカードを受け取りました。今回先生方の撫順来訪の折り、あいにく私は入院中でしたが、弁護団の一行がわざわざ病院までお見舞いに来てくださったことに私は深く心をうたれ、感謝の気持ちでいっぱいでした。

日本と中国は一衣帯水《いちいたいすい》（「一筋の帯のような海を隔てた近い関係」の意）の隣国関係にあります。平頂山大虐殺事件が私たち両国人民を再び結びつけてくれました。とりわけ弁護団、そして支持者の皆様方が、正義を広く訴え、日中両国人民の友好、世界平和、そしてかつての歴史の悲劇を再び繰り返さないためにありとあらゆる苦労をいとわず、両国人民の心と心を近づけてくれました。その行動は両国人民の敵対感情とわだかまりを取り除き、友誼と連帯をさらに一歩促進させました。あなた方の尽くされた全ての行為に対し、私たちは心から敬意を表します。

私も命ある限り、両国人民の友誼をさらに促進させ、世界の平和、人類の幸せのため微力を尽くしたいと思います。私たちの子々孫々がいつまでも仲良く付き合っていくことを心から願ってやみません。

あの大惨事の被害者がこんなにも寛大な気持ちになれるのだろうか……。徳永淳子さんは、莫さんの手紙を訳しながら、その寛大さに心を打たれ、込み上げてくる涙で文字をはっきりと読み取ることができなかったという。

✴「除斥」の壁に挑む

控訴審になってから、弁護団はまず、国家無答責について、民法学者の松本克美立命館大学教授と勉強会を重ね、国家無答責の法理が確立したとする一八九〇（明治二三）年当時、旧民法の立法者の意思は、公権力の行使について原則として民法の適用を認めるものであったことなど、膨大な文献調査による研究成果を意見書にまとめ、これを証拠として裁判所に提出した。民法学からのアプローチはそれまでにないものであり、この松本意見書により、国の主張はますます根拠薄弱なものとなった。

残された最大の課題は「時の壁」――「除斥」の克服に絞られていた。

除斥とは、一定の固定した期間が経過すると、もはやその権利を行使できなくなる（あるいは権利が消滅する、裁判で訴えることができなくなる）とする制度である。時効との違いは、時効が、権利の行使が可能になったときから三年以内に訴訟を起こさないと、請求権が消滅するという制度であるのに対して（ただし、権利の行使が可能でないなら時効期間は進行しないし、債務者が債務を承認したなど一定の場合には、時効期間の中断も認められている）、除斥は、不法行為が起きたときから期間が進行し、中断制度もなく、権利行使が可能だったかどうかも問わず、事件から二〇年が経過すれば問答無用で権利が消滅するという制度である。

平頂山事件訴訟弁護団は、全国の弁護団との研究会を重ねながら、除斥による権利消滅の抗弁を打ち破る理論研究とその取りまとめを精力的にこなしていた。そして国家無答責、除斥などの法律問題は、すでに理論的には克服されており、勝訴判決を得るうえでの本質的な障碍ではないことは、弁護団の確信となっていた。勝訴と敗訴を分けるものは、「原告を救済しなければならない」と裁判官に思わせるか否かであり、そのためには、平頂山事件の事実を裁判官により深く正確に理解させ、この事件で原告を救済しなければ法的正義に反すると思わせることが不可欠であった。

このような分析の上にたって弁護団は、①中国側の資料による平頂山事件の事実のさらなる立証——戦前においてすら、いかなる大義名分もなかった残虐非道な住民虐殺の事実の全貌を立証すること、②原告（控訴人）方素栄さんの本人尋問によって、一九九六年まで裁判を提起できなかった事情や被害の深さと被害者らの思いを立証すること、③井上久士駿河台大学教授による意見書・証人尋問により、裁判官に、客観的・歴史的評価を経た事実として平頂山事件を深く立体的に理解させることを、控訴審の立証計画の柱とした。

✶社会科学院と平頂山紀念館の全面的な協力

中国側の資料の提供を受け、中国でのそれまでの研究成果を共有できたのはひとえに、撫順市社会科学院の傅波院長と平頂山紀念館の肖景全館長の英断による全面的な協力のおかげであった。

二〇〇二年の七〇周年記念式典をきっかけに（一一九～一二五ページ参照）、弁護団は訪中のたびに、平頂山事件の資料について、傅波氏と肖景全氏との意見交換を重ねてきた。傅波氏は、肖景全氏とともに編集した平頂山事件資料集『罪行・罪証・罪責』

肖景全・平頂山殉難同胞紀念館前館長

に基づき、いかにも学者らしい冷静で客観的な資料評価や資料収集についての意見を述べて、弁護団の圧倒的な信頼を得た。まだ不明の資料が大連や台湾などの資料館に保管されているかもしれないとの情報交換も行い、また、撫順の炭鉱資料館に自ら案内して便宜を図ってくれた。撫順に残されている、平頂山事件のいわば史跡である、久保炭鉱長宅跡や元独立守備隊の宿舎、当時の建造物なども案内してくれた。

肖館長からは、二〇〇三年一一月の訪中の際に、一九四六年に当時の国民党政権下の撫順市政府が警察局や各区区長に命じて行った、平頂山事件についての膨大な被害調査報告書のコピーを入手することができた。大変貴重な資料だった。

これに基づき、弁護団は、井上久士教授のもと、かなりの精度で被害者の氏名人数を割り出すことに成功し、被害者数約三〇〇〇名という数字がきわめて信憑性の高いことを立証し、貴重な文献とともに裁判所に提出することができた。また一九五〇年代と七〇年代に共産党政府が平頂山事件の関係者の供述を録取した原本の写しや、その頃はまだ三〇人以上いた幸存者の写真など、貴重な原資料を閲覧し、コピーや一部はデジタルカメラに収めることもできた。

さらに、二〇〇四年二月の訪中の際には、平頂山紀念館が所蔵するすべての資料を弁護団に開示するという肖館長の英断が下された。私たちは、平頂山紀念館にいったいどのような資料があるか、その全貌を知りたかった。中国では市政府管理のこれらの歴史・政治資料の開示やコピーについては各種の許可が必要で、大変に面倒で且つ困難であっただろうことは、これまでの歴代の平頂山紀念館館長との交渉でよくわかっていた。今回の肖館長の裁断は、おそらく様々な困難と障碍を乗り越え、また、乗り越えられない部分については彼が職を賭して決断してくれたものに違いない。感謝の言葉もみつからなかった。

さらにこれらの中国側の貴重な資料を最終的に裁判資料として活用できたのは、控訴審の途中から実行委員会のメンバーに加わった向蕾蕾さん、全体弁護団事務局の吉原雅子さん、早稲田大学大学院の張剣波さんをリーダーとする中国人留学生グループによる献身的でレベルの高い翻訳作業（ボランティア）があったからこそである。これらの資料を正規の料金で翻訳に出せば少なくとも数百万単位の経費がかかっていただろう。彼らの協力なしに裁判資料とすることは絶対に不可能であった。このように中国側の全面的な協力と多くの方々の献身的な働きのおかげで、弁護団は一審のときとくらべて、はるかに緻密で詳細な平頂山事件の事実の主張・立証を行い得たのである。その総決算ともいえる成果が、井上久士教授の意見書である。

✴井上意見書——歴史の中の平頂山事件

中国側から提供された資料、弁護団が一審当時より「平頂山事件を学ぶ会」の人たちの協力を得て、防衛庁（当時）や国会図書館で見つけた資料、北京図書館（現・中国国家図書館）などで集

井上久士・駿河台大学教授

めた新聞報道などの資料、終戦後アメリカが持ち出し、日本に返還されて公開されている資料、その他、井上久士教授自身が探した資料をもとに、「歴史の中の平頂山事件」と題した井上意見書が二〇〇四年九月に完成した。

井上意見書は、日本初の歴史研究者による平頂山事件に関する論文である。その内容は、日清・日露戦争以後の「満蒙権益論」から満州事変、「満州国」建国、反満抗日闘争と関東軍の対応など、平頂山事件の歴史的背景についての緻密な分析に始まり、平頂山攻撃と虐殺の実行、事件後の国際的反響と日本による証拠隠滅、事件の隠蔽工作から戦後の事件処理にまでわたるものである。

裁判所に提出する期限が迫っており、弁護団は井上教授に催促に催促を重ねて気をもんでいた。ようやく完成した意見書を読んだ弁護団は、これまで断片的な事実の繋ぎ合わせでしか主張できていなかった平頂山事件の全貌が歴史的事実として、連続的に立体的に見えてきたと感じた。

平頂山訴訟の主任裁判官である高裁第一〇民事部の大橋判事も、弁護団との進行協議の中で、「私は井上意見書を読んで初めて、平頂山事件というものがわかりました」と述べた。

井上教授は、この意見書の「まえがき」で、研究執筆の動機について以下のように述べている。

「この事件は、いわゆる一五年戦争での日本軍の残虐事件の起点であるとさえいうことができる。このことは、もしこの事件がその当時日本で明らかにされ、その責任が追及されていたならば、以後の様々な残虐事件は避けられたか、規模のより小さいものになっていたであろうと思われる。平頂山事件が有する歴史的意味は、きわめて大きいのである」

「日本の歴史学界においては……平頂山事件のような満州事変時期の戦争犯罪行為についての事実解明と研究は、ようやく緒についたばかりというのが現実である」

「私は、一九三〇年代から四〇年代の中国現代政治史および日中関係史を専門としており、もちろん平頂山事件についてある程度の知識は持っていたが、これまでこの事件について本格的に研究したことはなかった。したがって、本意見書の執筆を依頼されたとき、率直に述べれば必ずしも適任でないのではと感じた。しかし上に述べたように、平頂山事件はこれまで歴史学の研究対象としてほとんど研究蓄積がない分野であることを思い、また、九死に一生を得た生存者の悲痛な思いを知るに及んで、その願いの実現に一滴の水でも加えることができたらとあえてお引き受けした次第である」

✴裁判提訴までの険しい道のり

「除斥期間」という「時の壁」を破るためには、原告たちが一九九六年に裁判を起こすまで、裁判を起こすこと自体が不可能であったこと、そうした困難な状況にありながらも、原告たちは最大限の努力を尽くしてようやく裁判に漕ぎつけたことを証明する必要があった。弁護団は、訴訟を起こすことのできた経緯を改めて聞き取るために、二〇〇四年一〇月、方さんの住む昆明に向かった。

昆明におもむき、方さんの自宅に行って聞き取りをしたところ、初めて聞く事実が次々と飛び出してきた。もっとも驚いたのは、方さんが事件に遭う前の家族の写真を持っていたことだった。方さんの写真。日本兵に銃剣で刺し殺された弟の写真。日本軍の銃撃によって殺された母親の写真。方さんはいったいどうしてこんな写真を持っているのか？

事件の前、方さん一家は千金寨という集落に住んでいた。方さんの家は時計修理店を営んでお

方素栄さん一家が住んでいた千金寨（写真提供・平頂山紀念館）

り、裕福な家だったという。そのころ、両親は方さんや弟の写真を写真館で撮影してあった。その後、一家は平頂山集落に引っ越すことになり、そこで家族は皆殺しにされた。事件後、方さんは名前を変えて、千金寨の叔母のところに引き取られた。かつて写真を撮影した千金寨の写真屋が方さんのことを覚えていて、家族を皆殺しにされた方さんのことを哀れに思い、保存してあった家族の写真を方さんに渡してくれたのである。方さんが九歳のときのことである。

　このときのことを、方さんは陳述書で次のように述べている。

「四歳の頃に事件に遭い、その後五年ものあいだ、私は家族のいない生活をしてきました。家族の顔すら思い出せなくなっていました。この写真を見てやっ

千金寨の写真館で撮影された方素栄さんの写真（写真提供・方素栄氏）

と母や弟の顔を思い出すことができて、私は泣き出してしまいました」

「それ以来、この写真をとても大事にしてきました。他人の親子が仲良くしているところを見たり、辛いことがあったときなどに、私はこの写真を取りだしては眺めて泣いていました。しかし母と弟以外の家族の写真、特に私を一番大事にしてくれた祖父の写真がないので、私は大好きだった祖父の顔を思い出すことができません。私は写真を見るたびに悲しくなり、色々なことを思って泣いていました。母の写真を見ると、最後に頭から白いものが飛び出して死んでいた母の姿を思い出してしまいます。綺麗な着物を着た自分の写真を見ると、家族に囲まれ家庭の中心だった頃の幸せな生活を思い出してしまいます。

　そして日本人をとても恨みました。当時は日本人と日本軍の区別もわからず、とにかく日本人を恨んでいました。日本人が私の家族を殺さなければ、私は今でも幸せだったはずなのにと思いました」

方さんの夫は、妻のために平頂山事件に関する新聞や雑誌の記事などにいつも注意を払っていたため、大量の資料が方さんの手元に残ることになった。

しかし、方さんがどれほど平頂山事件の被害回復を願っても、そもそも中国と日本の間には国交がないのだから、どうしようもなかった。ようやく一九七二年の日中共同声明で国交が回復したものの、普通の中国の人々は海外旅行をすることなどできない。中国で「中華人民共和国公民出境入境管理法」という法律が施行され、市民でもパスポートを取得できる制度が作られたのは、一九八六年二月のことである。その上、パスポートが取れたとしても、お金がなければ日本に来ることなどできるはずがない。そんな大金を作ることは、方さんたち普通の中国の人々にとっては、夢のまた夢という話だった。

のみならず、当時の中国政府自体が、日本政府に対して賠償請求を求めようとするこうした市民の活動に対して、抑制的な態度を示していた。当時の中国では、政府の意向に反して活動するというのは大きな困難がともなうことだった。

こうした中での最初の光明は、北京の童増氏という学者についての記事だった。童増氏は、一九七二年の日中共同声明で放棄されたのは中国政府の賠償請求権だけであって、中国国民の日本に対する賠償請求権は放棄されていないから個人の賠償請求は可能であり、中国外交部もそのことを認めていると主張していた（一九九一年、全国人民代表大会に提出された建議書）。方さんはこの記事を見て初めて、自分が日本政府に損害賠償を請求できるかも知れないと考え、童増氏に手紙を書いた。しかし中国政府の意向もあり、童増氏も自由に動けるような立場にはなかった。

方さんは一九九二年八月に、一度撫順に戻った。日本政府を訴えるなら一人よりも他の幸存者と一緒にやったほうがいいと思ったからだった。方さんは平頂山紀念館に足をはこび、撫順にまだ幸存者が二人いることを教えてもらった。しかし住所を教えてもらえず、撫順に住んでいた親族に頼んで、ようやく莫徳勝さんと楊宝山さんの二人に接触することができたのである。二人とも、平頂山事件の幸存者として日本政府に損害賠償請求を一緒に行うことに賛同してくれた。

童増氏からはその後しばらく連絡がなく、方さんは不安にさいなまれながらひたすら待った。ようやく一九九五年六月、童増氏の使いの女性が、方さんを訪ねて、民間の対日賠償請求に中国政府は干渉しないとする銭其琛外相の発言があったことを教えてくれた。方さんは、さっそく童増氏の指導のもと、一九九五年七月、日本大使館に対して損害賠償を求める「起訴書」を送ったが、年末になっても、日本政府からは何の返信もなかった。

一九九五年の年末に来た童増氏からの手紙には、「慰安婦」問題と強制連行問題ですでに日本で裁判を起こしたこと、一九九六年一月に日本の弁護士が北京に来て、平頂山事件についての聞き取り調査を行う予定だと書かれてあった。こうして方さんは一九九六年一月、北京のホテルで

「中国人戦争被害賠償請求事件弁護団」（団長・尾山宏弁護士）の幹事長である小野寺利孝弁護士と接触することができたのである。第三章の冒頭で述べた方さんの心境は、まさにこのときのことを語ったものであった。

昆明の調査はわれわれ弁護団も予想しない大成果を収めた。きたるべき方さんの本人尋問の成功と「除斥の壁」突破に向けて、弁護団はますます確信を強めていった。

✴ドキュメンタリー「未だ癒えぬ傷」の製作

弁護団は、なんとかして裁判官を平頂山事件の現場に連れて行きたいと考えていた。しかし、それは裁判手続きのうえでは不可能であった。このため、現地の状況やいまもなお当時の苦しみをかかえて生きている原告たちの思いを映像で再現することを考えた。幸い、実行委員会のメンバーに映像作家の高部優子さんがいた。高部さんは、弁護団の考えに共鳴し、撮影からその後の編集まで、全て協力することを申し出てくれた。

二〇〇四年一一月六日、弁護団はビデオ撮影のために高部さんとともに撫順に飛んだ。撮影のなかで特に印象深かったのは、撫順の繁華街で、市民がどれだけ平頂山事件のことを知っているか、子どもからお年寄りまでインタビューをしたことだった。外国メディアへの制限がまだまだ強い中国で、公の機関の許可もなく、「突撃インタビュー」をすることが許されるのか自信はなかった。しかし、「平頂山事件のことを知っていますか?」と、カメラを向けられたほとんどの撫順市民は、何の屈託もなく質問に答えてくれた。父親と買い物に来ていた小学生くらいの少年は、学校で習ったのだろう、「知ってるよ! 日本軍にたくさん殺された事件でしょう?」と元気に答えてくれた。このときの取材に加え、高部さんはもう一度単身で訪中し、楊さんご夫婦の家に宿泊までして、楊さんの日常生活とそこにあらわれる事件の影響を撮影して、ビデオを完成させた。

こうして完成した映像は、「未だ癒えぬ傷」という題名がつけられ、二〇〇五年二月一八日の結審の日、東京高等裁判所第一〇一号法廷で上映された。この映像をみた裁判官が、一人の人間として原告たちの思いを少しでもくみ取ってくれることを弁護団は強く願った。

✴方素栄さんの本人尋問と井上久士教授の証人尋問

二〇〇四年一二月三日、東京高裁第一〇一号法廷で、方さんの本人尋問が行われた。尋問内容は、家族の写真と方さんの思い、そして平頂山事件の提訴に至るまでの過程を話してもらうというものである。方さんは東京高裁第一〇一号法廷において、詳細に自分の体験を語った。

方さんは、平頂山事件のことを語ると、いつも身体の具合が悪くなるという。

「話をするたびに涙が流れて、目が非常にいたくなったり、目の具合が悪くなったり、食べ物がのどを通らなくなったり、睡眠が十分に取れなかったりします」

「頭から白い豆腐のようなものを吹き出して倒れているお母さんの姿と、弟が日本軍の銃剣で突き刺されてほうり投げられたときのことがいつも夢の中で出てくる」

忘れることができるなら忘れたい。だけど忘れることはできなかった。方さんは何とか日本政府に対する賠償請求を実現させようと、長い間中国国内で苦闘していたのである。

方さんの尋問に続いて、井上教授の学者証人尋問が行われた。先に提出している意見書を補充しながら、尋問では、特にポイントとなる平頂山事件の特質——戦闘行為の一環というよりも、住民虐殺自体を自己目的とするものであったこと、「満州国」の治安確保という日本軍の大義名分からみても、なんら正当化されない報復のための住民虐殺であったこと、日本政府や関東軍は事件直後から徹底した証拠の隠滅を行い、住民虐殺の事実自体を完全に否定し続けた点について、詳しい証言を行った。

井上教授は最後に、

「歴史的な事実というのは、時が経てば風化して消え去るというものではけっしてない。事実は事実として残るし、ましてや中国の人たちはそのことを覚えているわけです。そのことが広い意味で言えば、日中関係のわだかまりのひとつとなっていると思います。私は、アジアの人たち、中国の人たちの信頼関係を作って友好的にやっていくことこそが日本の利益となり、アジアの繁栄に繋がると思っています。そのためには、そうした過去のわだかまりとか過去の事実を隠してそのまま風化に任せるということではなくて、むしろ当時の加害国であった日本が率先して加害事実を認め、国の責任を明確にするということがどうしても必要です。正しいことをするには遅すぎるということはないと思います。ですから、この裁判の機会に、裁判所がきちんとした判断をされることを心から期待したいと思います」

と述べて証言を締めくくった。

✴七人の弁護士による最終弁論——二〇〇五年二月一八日

二〇〇五年二月一八日午後二時、東京高等裁判所第一〇一号法廷が開廷した。いよいよ九年間の平頂山事件訴訟の総決算である結審の日である。大法廷の傍聴席は、緊張の面持ちの人々で埋まり、中国のテレビ局の中国中央電視台（CCTV）が二分間の法廷撮影を行った後、ビデオ「未だ癒えぬ傷」が上映される。二三分間の上映時間中、法廷は水をうったようになって画面に集中する。続いて弁護団七名全員による最終弁論が始まった。

「本件事案における被害の甚大性、加害行為の態様の残虐性、加害者である日本国に要保護性が認められないことなどを総合的に考慮するならば、国家無答責の原則や除斥期間を適用せず、国の賠償責任を認めることこそが、法の理念である正義公平の理念に合致する。

本件訴訟は、国内はもとより国際的にも注目されている裁判である。裁判所が本件事件の事実と日本国の責任を明確に認め、日本国に賠償責任を負わせることは、控訴人らの人権の回復のみならず、日本の司法の良識を国際社会に知らしめることになる。さらに、事件後一貫して国際社会を欺いていた日本政府の態度を改めさせ、国際社会における日本国への信頼を築かせる契機となるものであり、それは未来の平和の礎になるものである。

裁判所が、司法の果たすべき役割や、本件が国際的にも注目を浴び、歴史的にも重要な意義を有することを十分に自覚したうえで、控訴人らの人権救済に適う判決を下されることを強く願うものである」

平頂山事件訴訟弁護団団長の環直彌弁護士が、まず本件訴訟の意義と裁判所の任務について弁論した。続いて、泉澤、高和、坂本、川上、大江の各弁護士が、平頂山事件の残虐性、原告（控訴人）らの受けた被害、日本国による比類なき証拠隠滅・隠蔽の事実、国家無答責、除斥の適用が正義に反することについて次々と弁論に立つ。最後に、穂積弁護士が弁護団全員の思いを代表して、以下のように陳述して弁護団の弁論を締めくくった。

「控訴人代理人らは、本気で裁判所に撫順に足を運んでいただきたいと考えていた。平頂山事件

母子を護る遺骨

を知るためには、どれほど文献を読んで資料に目を通すよりも、何よりもまずあの虐殺の現場、平頂山惨案遺址紀念館に行くことこそが最上の方法だからである。

佟達は、その著書『平頂山惨案』でこの光景を次のように描写した。

『……虐殺の現場で、殉難者たちは殺害された時の極めて苦痛に満ちた姿勢と表情を保っている。身長一・九メートルの男性の遺骨が、上に向かって、目が絶望的に空を見ている。口は大きく開き、死ぬ前の悲痛な叫びがうかがえる。〈死にたくない!〉と彼は叫んだかもしれない。

別の男性の遺骨は、両手が地に付き、彼の下に一人の女性の遺骨と二人の子供の遺骨がある。これは澤地久枝女史の言う母子を護る遺骨である。この四体の遺骨から彼らが家族であることがわかる。この男性の名前はもう誰にもわからないが、彼は偉大な夫であり父親であった。彼は妻と子供を自分の下に置いて自分の身体で弾を防ごうとし、生きる希望を妻と子供に託して自らは死を選んだのである。しかし、自分の死をもって家族の生に代えようとする彼の希望は適わなかった。

……その布で包まれた赤ちゃんは、遺骨が非常に細く、布が黒く焼かれている。……幼い命が必要としているものは父母の慈愛と母乳だったのに、この子が得たものは、あろうことか刀と銃弾だった。……一人の妊婦がいた。下向きになり、腹の中の子供を守ろうとした。彼女の後頭部には黒い髪が厚く残っている。六〇年前に育んだ胎児が今も彼女の腹の中にいる。彼女は母親になりたかったしこの子はこの世に生まれ出てきたかった。しかし、日本軍はその刀を振り下ろしてそんな望みすら叶えさせなかった。……』

控訴人たちはいずれも、自分がその白骨の海の中にいたことになったかも知れない人たちである。自分の家族が、ことに自分をかばって身代わりに死んでいった家族たちがここに眠っている。今でも、当時の時間をそのまま止めたかのような静けさの中で、聞こえない悲鳴を上げ続けながら眠っている。

事件後七〇年以上がたった今もなお控訴人たちは、代理人の私たちですら、時として驚かされるほどの強い衝動でもって事件に対峙しようとする。自らの命を縮めるようにして、この事件を解決するまでは死んでも死にきれないと老いた身体に無理を強いてまで異国の地にやってこようとする。何故なのか。

それは彼らこそが、ここにいる死者たちによって生かされた存在だからである。彼らは、自分の生が死者の犠牲の上にあることを知っている。だから、生かされた彼らには、身代わりに死んでいった者たちに対する強烈な義務感がある。生き残ってしまった者の責務として、彼らは事件の決着を付けなければならない。彼らは、生き残った者として正面からこの死者たちと真向かわなければならない宿命を背負っている。

裁判所にお願いしたい。逃れる術のない控訴人たちと同じように、裁判所にもあの死者たちと正面から向き合っていただきたい。あたかも自分があの遺骨館の現場に立ち、あの遺骨と正面から対峙する姿勢で本件事案と取り組んでほしい。全身全霊を込めてこの事件と向き合った結果がこれなのだと、あの夥《おびただ》しい遺骨のあの眼窩《がんか》を真正面から見据えて胸を張って下せる判断をしてほしい。控訴人らの慟哭《どうこく》を、その背後にある多数の物言わぬ叫びを、正面から受け止めた判断を切に望むものである」

最後に楊宝山さんが、

「原告を代表して、裁判官の皆さんに最後に訴えます。公正な判決を下していただきたい。あなた方日本人と私たち中国人は、国も違うし、制度も、言葉も違います。しかし、同じ人間同士です。人間として尊重されなければならないということはみな同じはずです。裁判官の皆さんは、私たち三人の訴えを聞いて、事実と向き合い、正しい判決を下してください」

と、裁判官に訴えて、一審から数えて約九年間にわたる平頂山事件訴訟は結審した。

✴中国中央電視台が全国放送

結審後、泉澤弁護士は、中国中央電視台（ＣＣＴＶ）「東方時空」という人気生番組のインタビューを受けた。平頂山結審のようすとともに、その映像は中国全土に生放送され、高視聴率を得た。放送の最後に、感想を寄せることを司会者が呼びかけたところ、たくさんの感想が寄せられた。平頂山事件訴訟は一躍中国でも知られるところとなった。感想の一部は翻訳され、東京高裁にも届けられた。折りしも、小泉靖国参拝などに端を発した中国民衆の反日感情が、サッカーアジアカップや各地の反日デモなどにより顕在化し、政治問題になっていた時期に、このような日本の市民や弁護士らの活動が報道されたことの意味は大きかったと思う。

ＣＣＴＶのクルーの一人は、「来日前まで自分の持っていた日本のイメージは大変に悪いもので、たとえ仕事であっても日本に来たくはなかった。しかし、皆さんたちと出会い、平和のために活動する日本の市民を取材するうちに、自分の日本に対する印象は変わった」と述べた。

✴「平頂山事件の解決」とは何か

結審直後の二〇〇五年四月五日、弁護団は撫順へ向かった。

高裁での審理は終了し、判決を待つだけとなっていたが、もちろん結果については予断を許さない。また判決で勝つことは、そもそも弁護団の最終目標ではない。最終目標は、平頂山事件を解決することだ。裁判はあくまでこの「解決」のための手段に過ぎないことについては、誰もが理解していた。

しかし、具体的に「平頂山事件の解決」とは一体何なのか。弁護団は、二〇〇三年二月に、大江弁護士が莫徳勝さんから聞き出した内容をもとに、機会を見つけて原告たちと話をしてきたが、高裁判決を目前に控えて、その内容をより具体的に定めて、幸存者たちや中国側の意見も聴いて確定しなければならないと考えた。

四月五日、弁護団はまず莫さんの自宅を訪れた。莫さんは退院していたが、残念ながらやせ細って体力が衰えてしまい、立って歩くことはすでにできず、思考能力も失いかけていた。それでも莫さんは弁護団に対して、「会えてうれしい。感謝しています」と繰り返していた。

かつて、莫さんが平頂山事件の解決として語ってくれた内容を、弁護団なりに解釈して「要求事項」としてまとめた内容は以下のとおりであった。

日本政府は、
一　平頂山事件の事実と責任を認め、幸存者及びその遺族に対して、公式に謝罪を行うこと。
二　謝罪の証として、
（一）日本政府の費用で、謝罪の碑を建てること。
（二）日本政府の費用で、平頂山事件被害者の供養のための陵苑を設置、整備すること。
三　平頂山事件の悲劇を再び繰り返さないために、事実を究明しその教訓を後世に伝えること。

この要求事項には、「被害者個人に対する賠償」は含まれていない。仮に訴訟に負けて、そのために幸存者や被害者の手元に一銭もお金が入ってこなくても、これらの要求が実現できたなら、それを「平頂山事件の最終解決」だと言ってよいかと弁護団は尋ねた。そのうえで莫さんは、この「要求事項」に同意して、署名押印してくれた。

翌四月六日。同様の協議を弁護団は楊宝山さんとも行った。このときには楊さんの娘婿と、平頂山紀念館の肖景全館長が立ち会ってくれた。弁護団は、「要求事項」の内容と、そこに個人に対する損害賠償請求が含まれていない意義について説明したうえで、最終的に楊宝山さんにも納得してもらい、署名を受けることができた。楊さんは当初、個人に対する損害賠償も行ってもらい

楊玉芬さん

たいとかなり希望していたが、その理由は「賠償をもらえないと弁護士に報酬を支払えないから」というもので、弁護団はこの楊さんの気持ちがうれしかった。

昆明の方素栄さんには、弁護団から最終解決についての意見を尋ねる長文の手紙を出した。方さんからはすぐに返事が届いた。「これこそが、まさに私たち原告の望む平頂山事件の解決です」と方さんは賛同し、要求書に署名をして送ってくれた。

✴もう一人の幸存者・楊玉芬さんとの出会い

四月六日の午後に、もう一人の幸存者、楊玉芬さんと会った。楊玉芬さんは一九二四年一二月生まれで、事件のときは七歳だった。父親は楊占有という人で、家族は二四人もいたという。そしてそのうち、なんと六人もが生き残ったのである。父親の楊占有と楊玉芬さんと妹、それにいとこの夫婦ともう一人のいとこが難を逃れた。しかし、楊玉芬さんはこのとき母親を亡くしている。この父親の楊占有という人は、平頂山事件の幸存者として有名な人で、中国では『虎口余生（九死に一生を得た人生）』という本まで出している。そのため逆に、一緒に生き残った楊玉芬さんや妹の存在が目立たなかったようだ。楊占有さんは、すでに一九七四年に病死してしまっている。

楊玉芬さんは、このとき八〇歳という年齢になっていたはずだが、元気でよくしゃべり、屈託のないように見えた。自分も原告となって日本政府に訴訟を起こしたいと強く希望していた。弁護団は楊玉芬さんの話を聞いたうえで、現在の訴訟は平頂山事件全体の解決のための代表訴訟としてやっているということを話した。それでも楊玉芬さんは、期待に満ちた眼でわれわれ弁護団を見つめていた。

楊玉芬さんの話から、事件で家族や夫を殺されたもう一人の女性と楊占有さんが、後日再婚したことを知った。その女性が田立新さんで、まだ生きているという。楊占有さんと田立新さんのあいだには、子どもが六人もできた。弁護団は田立新さんとも面会した。残念ながらかなり老衰していて話ができるような状態ではなかった。楊占有さんとの子どもたちから簡単に話を聞いて、田さんの写真を撮って辞去したが、おそらくこの人が、生存している最高齢の幸存者に間違いないだろう。

「声援団」結成の報告を受ける川上詩朗弁護士（左端）

✶撫順に裁判の「声援団」ができた

撫順に行ってもう一つ驚いたことがあった。日本での平頂山事件訴訟を支援するために、市民たちが「平頂山事件幸存者対日訴訟撫順市民声援団」を結成したというのである。

四月六日、弁護団は、撫順師範高等専科学校の大会議室に連れて行かれた。数十名の人たちがすでに集まっている。「声援団成立大会」の会場だった。

声援団の団長は撫順市社会科学院院長の傅波氏で、副団長が平頂山紀念館の肖景全館長。その他にこの高等専科学校の劉向軍校長も副団長だという。さらに撫順の律師（弁護士）も声援団に参加していた。

肖景全館長は、声援団の設立趣意について

高裁判決に臨む楊宝山さんを瀋陽空港で見送る声援団の人々（写真提供・平頂山紀念館）

以下のように説明した。

「二〇〇二年六月二八日の一審判決で平頂山事件の事実が認められたことは、日中市民の努力の結果だと思う。しかし、これまで撫順市の組織的な裁判支援がなかった。いよいよ五月一三日には高裁判決も出される大切な時期である。弁護団がＣＣＴＶで平頂山事件訴訟について意見をくださいと放映してからは、中国各地から様々な意見が寄せられるようになった。この大切な時期に、撫順の各方面の民衆が集まって裁判支援の組織を作り、できる限りの協力をすることとなった。この市民の自発的な活動は、撫順の各方面によって支援されている。したがって、声援団と弁護士の努力のもとに五月一三日の裁判に良い影響を与えられれば幸いである」

中国で民間人が団体を結成して活動することは、日本人が考えるほど簡単なことではない。政府の公式な認可を受けた民間団体は限られているはずだ。おそらく肖景全館長や傅波氏らは、各方面に対して慎重な準備と政治的配慮を重ねながら、数々の認証手続きを経て、声援団を結成してくれたのであろう。「原告らが訪日するときは、瀋陽空港まで見送って励ます」という活動目標まであって、中国側が可能な限りのことを一所懸命やろうとしてくれていることが伝わり、弁護団と実行委員会を大いに励ました。

✴二審判決「国家無答責」で敗訴——二〇〇五年五月一三日

事件から七三年、最後の望みを裁判に託した原告たちの痛切な願いと、これを支援した日中の人々の期待は、二〇〇五年五月一三日、東京高等裁判所第一〇民事部の下した判決により、木《こ》っ端微塵《ぱみじん》に打ち砕かれた。またしても敗訴。またしても国家無答責の法理であった。

判決は、「当該行為（本件の日本軍による平頂山住民虐殺行為）は、旧日本軍の戦争行為、作戦活動として行われたものであることは否定しがたい」「軍事力の行使は、国家の権力作用の最たるものであり」、それゆえ「責任の有無の判断は、国家主権の正当性の存否にもかかわる」から、「市民社会に共通して適用される私法の規律にかからしめることができないことは明らか」と断じた。

これは、「軍隊の行為についてはその当否を問えない」とする戦前の明治憲法体制下の司法判断となんら変わらない考え方であった。個人の人権を最高価値とする現行憲法は、人権の最後の守り手としての裁判所の任務を定めている。東京高等裁判所の判決は、憲法の規定する司法の任務を放棄することを高々と宣言したに等しく、まさに司法の自殺行為といえる判決であった。

傍聴席《ぼうちょうせき》にいた実行委員会のメンバーで映像作家の高部優子さんは、この日の判決のことを『平頂山ニュース』（一三号）で以下のように書いている。

「本件各控訴を棄却する。控訴費用は控訴人らの負担とする。」あまりにも短すぎる数秒の言葉。その意味が私の脳に届いた時には、もう、去っていく裁判官の後姿しか見えなかった。傍聴席から怒りの声があがる。しばらく呆然《ぼうぜん》として立ち上がれない。たった数秒の言葉で、何年間もの裁判への思いが断ち切られていく。何十年も苦しんできた原告の気持ちが宙にさまよう。何か、渡っていたつり橋の向こう側から切り取られたような感じがした。

しかし、原告の楊さんは立派だった。その後の報告集会、記者会見をこなし、落ち込んでいる支援者や弁護士たちをなぐさめる。「日本政府は頑固だ。しかし、この事件のことは多くの日本人に知ってもらえたからそれでいい。これからも広く知らせていってほしい。」そうだ、落ち込んでいる場合ではない。壊された橋はもう一度作ればいい。今度は、もっと太い柱を建てて大きくて丈夫な橋を。たくさんの人が渡れる橋を。

✴「最後の勝利は私たちにあると確信している」

判決前日、徳永淳子さんとともに、成田まで楊宝山さんを迎えに行った大江弁護士は、成田から東京に向かう電車の中で、楊さんがすっかり落ち込んで元気がないことにショックを受けていた。楊さんは、「日本の裁判所が私たちを勝たせることはまずないだろう」「老い先短い自分には希望が持てない……」と、これまで一度も日本の支援者や弁護団に見せたことのない弱音を吐いた。大江弁護士は、なんとか楊さんを励まそうとした。

翌日の判決言い渡し。敗訴。判決後の判決分析、各種記者会見、報告集会などをあわただしくこなした後、楊さんを囲んで、弁護団数名と通訳の藤原知秋さんと何人かの実行委員会のメンバーで少人数の夕食会をすることとなった。

報告集会に集まってくれた市民や支援者、記者たちに対し、高裁判決を分析して批判し、今後のさらなる最高裁への闘いの展望を語るといった対外的な仕事を無難にこなした大江弁護士であったが、夕食会の席で、楊さんに対して、「弁護団の力が及ばず、残念な結果となり、本当に申し訳ないと思う」と挨拶した途端に、思わず涙を流した。九年間の努力が報われなかったことに対する絶望感、判断を回避して逃げた裁判所に対する怒り、自分たちの努力がまだ足りなかったことに対する悔しさが頭の中をかけめぐり、そしてなにより昨日あれほど落ち込んでいたにもかかわらず、この日一日気丈に振舞った楊さんの心情を思っての涙であった。

楊さんは、「私たち被害者は上告を決め、最後まで戦う覚悟です。私たちが倒れても家族が私の意思を継ぎ、最後の勝利まで戦い抜いてくれるでしょう。安心してください。最後の勝利は、私たちにあると確信しています」と言って、大江弁護士の肩を抱き、慰め励ました。楊さんの言葉は、弁護団とこれまで支援してくれた日本の市民に向けた深い感謝とねぎらいであると同時に、勝利するまでけっして闘いをやめないことをあらためて宣言する、平頂山事件の幸存者としての不屈の決意表明でもあった。

判決翌日の五月一四日の昼からは、平頂山事件のシンポジウムが開催された。井上久士教授と全体弁護団の南典男幹事長をパネラーに迎え、支援者一〇〇名以上が参加して、集会の最後に、平頂山事件の幸存者莫さん、楊さん、方さんの日本政府に対する要求事項実現のためのアピールを採択して成功させた。

✴莫徳勝さん逝く——二〇〇五年五月二三日

莫さんが亡くなった。享年八一歳だった。高裁の不当判決からわずか一〇日目であった。訃報《ふほう》を聞いたとき、弁護団と実行委員会の誰もが大きなショックを受けると同時に、ついにこの日が来たかと思った。

莫徳勝さんの墓前で追悼の辞を読む高和直司弁護士

莫さんは、東京高裁判決に最後の最後まで望みをつなぎ、それを聞くまでは死ねないとがんばっていたのだろう。敗訴の結果を聞いたときの莫さんの心情を思うと辛くてやりきれなかった。提訴以来、原告三名を中心に弁護団と支援のグループがまとまってここまでやってきた。その中でも原告団長ともいうべき存在の莫さんの死は、全員に大きな喪失感を与えた。

二〇〇五年六月、弁護団は撫順に行き、莫さんの墓前に参った。高和副団長が弁護団を代表して追悼《ついとう》の辞を朗読し、莫さんの死を悼《いた》み、その遺志に応えるために今後も奮闘することを誓った。

✴最高裁上告棄却——二〇〇六年五月一六日

二〇〇六年五月一六日、最高裁判所第三小法廷（上田豊三裁判長）は、平頂山事件で日本軍に肉親

を虐殺された楊さん、方さん、故莫さんら原告の、日本政府に対する損害賠償請求につき、原告らの上告を棄却し、上告審として受理しないとの決定を行った。

平頂山事件弁護団は、全体弁護団と協力し、「国家無答責の法理」の適用を否定した戦後補償裁判の判決の到達点と、行政法、民法などの学者による最新の研究成果に基づき、詳細かつ最先端の理論を展開して不当な高裁判決を覆《くつがえ》すべく争った。しかし、最高裁は、上告理由書等の提出からわずか四カ月足らずで、まともな審理も行わず、何らの根拠を示すことなく、上告を棄却し、上告を受理しないとの三行半《みくだりはん》の決定を下した。

「平頂山事件の勝利をめざす実行委員会」の委員長を務める井上久士教授は、最高裁の決定を受けて、以下のような談話を発表した。


「今回の最高裁の棄却決定は全く不当な決定で到底納得できない。平頂山の住民虐殺現場の遺骨が何よりも雄弁に物語っているように、隠すことのできない歴史的事実である。このことは、地裁高裁の判決でも認められている。にもかかわらず、地裁高裁は古い論理の国家無答責を理由に原告らの訴えを退けた。そして今回の最高裁も、原告らの思いを踏みにじる決定を下した。

被害者側に全く落ち度のない無辜《むこ》の大量殺人が行われ、それを認めておきながら、謝罪も救済もしないというのは全く納得できない。被害者の心を癒し、日中関係を改善させるにはこの裁判は絶好のチャンスだった。裁判所が原告らの訴えを聞き入れ、正当な判断を行えば、それは日本の良心としてアジアの諸国民に受け入れられたであろう。そのことが、日本とアジアの歴史的和解に貢献することになったであろう。私たちは、それを強く期待していた。

今回、最高裁はその期待を踏みにじった。けれども、最高裁の決定が出たからと言って、私たちは運動を止めない。原告の要求にあるように、日本政府に正式に謝罪をさせる。事実を多くの人たちに知らせる。そのために闘い続ける」

✴日中市民による共同声明

二〇〇六年六月二日から五日まで、弁護団は昆明と撫順に報告のために訪中した。昆明の方素栄さんのところには、穂積弁護士、大江弁護士と通訳の吉原雅子さんが飛んだ。弁護団から最高裁決定の説明をし、原告らの望む本当の解決ができるまで支援者と協力して活動を続けていく決意であることを方さんに伝えた。弁護団の報告を受けて、方さんは以下のように語った。

「私はもともと、国を越えて国境を越えて裁判を起こせるとは思っていなかった。しかし弁護団と出会い、国境を越えて裁判を起こす希望が見えてきた。日本のたくさんの市民、支える会をはじめ、実行委員会、日中友好協会が陰で弁護団を支え、見えないところでお金と体力を使って裁判を支援してくれたことについて、心から感謝を申し上げます。私たち原告が日本に行くために、日本の支援の皆さんは、忙しいのにもかかわらず、私たちのために活動し、カンパをしてくれることについて、私はとても深い感動を覚えます。こんなたくさんの人たちが支えてくれて裁判を起こし、続けることができたと思っている。皆さんが、私たちのために、これだけのたくさんの苦労をしてくれたという事実は、生涯永遠に忘れないと思う。それは私だけでなく、私の夫も私の子どもたちも決して忘れることはない」

「一〇年間、裁判をやってきて、上告棄却の結果が出たことは、一〇年の思いが閉ざされたようにも感じたが、そうではない。こうやって支援してくれる人がいるということは大きな希望であり、私も事件の解決を望み続けていく。この一〇年の裁判で大きな成果があったと思う。それは、この事件を多くの人たちに知らせることができたことだ。集会終了後にいろいろな人がやってきて、こんな大変なことを知らなかったと言い、知った以上はできることをしたいと言ってくれた人もいた。私一人の力は限られているが、弁護士、市民の人の力を借りて、こんなに多くの人に事件の事実を知らせることができた」

「心配をしないでほしい。私たちはそんなに心が暗くなっていない。私は今回の結果は、勝訴ではなかったが敗訴の中の勝利だ。裁判所が事実を認めたことは決して小さなものではないと思っている。これで決して活動は終わらないし、最後の解決まで頑張ると弁護団が言ってくれたことがとても嬉しかった。もちろん事実の認定は嬉しいが、みなさんと今後も活動を一緒に続けていけることがもっと嬉しい」

「弁護団を見ていると、辛い思いをして裁判をやっている。しかし弁護団には報いるものはない。その姿を見て、私はとても感動している。一〇年もずっとそうだけど、費用がかかっているのがとっても心配だ。渡航費を負担し、他の仕事もできないし、経済的負担があると考えるととても心苦しい。一〇年といっても、最近よく考える。人生に何回の一〇年があるのか。その一〇年を捧げてくれたことについて、感謝したい」

「自分は日本人を憎んでいた。戦犯管理所の所長に『日本人と日本軍国主義は違う』と諭《さと》されたが、自分は日本人を憎んでいた。しかし、この裁判で市民や弁護士と知り合って、私の心も氷解した。この二日間、日本から弁護団がくるということを知って、居ても立ってもいられなかった。とても嬉しく、とても会いたくて落ち着きませんでした。私は日本人を恨んでいたけれど、弁護団と日本の市民と知り合ってとても幸せです。言葉でこの気持ちを言い表すことはできないけれど、この気持ちを心の中で、大切にずっと持ち続けていきたいと思っています。本当にありがとうございました」

方さんは椅子から立ち上がり、弁護団がセットしたカメラに向かって深々と頭を下げた。まるでカメラの向こうにいる日本の多くの支援者に対して、言葉にできない感謝の気持ちを表すように、方さんは、最敬礼の姿勢のままいつまでも頭を上げようとしなかった。

一方、先に撫順に到着していた泉澤弁護士と川上弁護士は、撫順市社会科学院の傅波院長、平頂山紀念館の肖景全館長らに最高裁決定を報告し、今後の最終解決を求める運動について協議を行っていた。二〇〇六年六月五日、撫順市社会科学院において、昆明から合流した穂積弁護士ら三名を加え、撫順の声援団のメンバーや、原告楊宝山さん、幸存者楊玉芬さん、莫徳勝さんの遺族莫林義さんらも参加して、最高裁決定を受けた報告会が開かれた。

この日、平頂山事件幸存者対日訴訟撫順市民声援団団長傅波氏が代表して行った中国側の総括報告の要旨を紹介したい。この一〇年間の裁判を通じた日中市民の活動を、中国側がどのように捉えているか知ることができる。

一　裁判において平頂山事件の事実が認められた。

二〇〇二年六月二八日、日本の裁判所において「日本軍が撫順平頂山にて大規模な無辜《むこ》の中国人に対する虐殺を行った」ことが正式に認定された。一九三二年九月一六日、日本軍は平頂山事件を引き起こしたが、手を尽くしてその事実を隠蔽し、一九三二年末の国際連盟において、日本政府はその事実を否定し、責任を回避した。そして七〇年という長い年月を経てようやく進展がみられた。この一歩は大きな意義をもつ一歩である。

日本の裁判所が法的に平頂山事件の事実を認定したことにより、今後の平頂山事件の解決に向けて様々な道が拓《ひら》かれたと言ってよい。法的手段を用いて再び提訴してもよいだろうし、日本政府に対し平頂山事件の事実を認め、公式に謝罪し、賠償するなど、この平頂山事件に向き合うことを求めていくことも可能となった。

二　平頂山事件の真相を広め正義を求める動きが拡大された。

日本における平頂山事件訴訟は人々の関心を集め、世界中でこの問題に関心を寄せる人々は徐々に拡大した。一〇年間で、三名の原告は合わせて一〇度、日本へ赴き、法廷で自らの体験を訴えた。年老いた原告たちは、日本各地で、正義の力というものを実感した。そして日本の多くの市民の道義的支持を獲得した。尊敬に値するこの年老いた原告たちは、平頂山で死んでいった同胞たちのために、そして世界平和のために訴え続けた。

中日両国のメディアは平頂山事件訴訟について多くの報道を行い、国境を越えた正義の訴訟を世に知らしめた。国内で最も権威あるメディア機構である新華社は、平頂山事件対日訴訟に強く関心を寄せ、新華社特報を一〇編に渡り発表した。それらは数十社のメディアに転載された。中国中央電視台、遼寧電視台、撫順電視台、中国国際広播電台、遼寧電台、撫順電台等の放送機関もたびたび平頂山事件訴訟の状況を報道した。

三　国境を越えた平頂山事件訴訟は、中日両国の研究者の事件に対する研究をも促進した。

二〇〇二年九月一六日、中日両国の研究者で「平頂山事件七〇周年学術報告会」を開催した。二〇〇五年九月一六日には、第一回平頂山事件国際学術シンポジウムが撫順において開催された。中日両国の三〇数名の専門家、研究者が平頂山事件に関する問題について検討した。日本の弁護団はたびたび撫順を訪問し調査を行い、さらに丹念に実地調査も行った。そして歴史的事実の細部にわたり研究を行った。撫順市社会科学院は、調査チームを設置し、平頂山事件幸存者を再度調査し多くの証拠や文献を収集した。また両国の研究者は、数多くの論文や書籍を出版、発表した。

四　中日両国人民相互の信頼と友誼を深めた。

一〇年にわたる裁判を通じて、多くの日本市民がこの平頂山事件訴訟を支援するようになり、日本政府に正式に謝罪するよう求め始めた。一〇年の裁判はまた、多くの中国人に、日本における平和を求める人々の力を実感させた。弁護士が必死に走りまわった。研究者が真剣な研究を重ねた。彼らの誠実な責任感と正義の力が平頂山事件訴訟を成り立たせ、実際に実りと進歩あるものにした。

平頂山事件訴訟の過程は、すなわち中日両国人民の相互の信頼が増す過程そのものであった。

五　正義を訴え、侵略戦争に反対する勢力を拡大した。

平頂山事件訴訟の原告側陣営はひたすら正義と公正を訴え、侵略戦争に反対するという大原則を護り通した。弁護団の各弁護士はこのために、大量の仕事をこなしてきた。平頂山事件訴訟はもはや、全世界における、侵略戦争に反対し世界平和を護る事業の一部分へと発展した。

報告会の最後に、「平頂山事件幸存者対日賠償請求訴訟撫順市民声援団」「平頂山事件の勝利をめざす実行委員会」「平頂山惨案幸存者対日訴訟弁護団」（平頂山事件訴訟弁護団の中国語による名称）の連名による共同声明が採択された。

この共同声明は、

「日本政府は、一九三二年一一月三〇日国際連盟において平頂山事件の事実を否認した態度を、七四年が経過した現在もあらためようとしていない。私たちは、日本政府に対し、平頂山事件の事実と責任を認め、謝罪することを要求する」

「私たち三者は、平頂山事件の被害者及びその遺族のかかげる正当な要求事項を実現するために努力を惜しまない。私たちは、正義が最終的には必ず勝利することを堅く信じている。同時にわれわれは、歴史に学び、平頂山事件という悲惨な事件の事実を世界に知らせ、今後人類史上に再び平頂山事件のような悲劇が起こることのないよう、正義と公正を訴え、後世を教育し、侵略戦争に反対し、世界平和を護りゆくことを決意する」

と謳《うた》っている。

裁判を始めた頃は、お互い相手を信頼できずに疑心暗鬼のときもあった。言葉の壁と、日本と中国という近くて遠い国と国の壁に阻《はば》まれて、思うように理解し合えないもどかしさもあった。

しかし、約一〇年に及ぶ長い歳月の中で、莫徳勝さんは、「平頂山大虐殺事件が私たち両国人民を再び結びつけてくれました。とりわけ弁護団、そして支持者の皆様方が、正義を広く訴え、日中両国人民の友好、世界平和、そしてかつての歴史の悲劇を再び繰り返さないためにありとあらゆる苦労をいとわず、両国人民の心と心を近づけてくれました。その行動は両国人民の敵対感情とわだかまりを取り除き、友誼と連帯をさらに一歩促進させました」と言ってくれた。

また、方素栄さんは、「自分は日本人を憎んでいた。しかし、この裁判で市民や弁護士と知り合って、私の心も氷解した。私は、弁護団と日本の市民と知り合ってとても幸せです」と言ってくれた。

二〇〇六年六月五日の傅波氏の報告は、一〇年間に及ぶ裁判を通じて、日中両市民の心の交流や互いに信頼を深めていった過程をよく理解し、その成果を高く評価してくれている。その上にたって、共同声明が「今後人類史上に再び平頂山事件のような悲劇が起こることのないよう、正義と公正を訴え、後世を教育し、侵略戦争に反対し、世界平和を護りゆくこと」をともに決意し、確認しあえたことも、大きな意味があるといえよう。

このように、中国側から一〇年にわたる平頂山事件訴訟の成果を理解し共感してもらえたこと自体が、われわれ弁護団と実行委員会にとって、大きな成果であり喜びである。この一〇年間の裁判を通じた闘いが無駄ではなかったと確信を持たせ、勇気を与えてくれた彼らに対して、敬意と感謝の気持ちでいっぱいである。

しかし、これだけではまだ終われない。

原告たちが求めているのは、日本政府が平頂山事件の事実を認め、謝罪し、謝罪の証を行動によって示すことだ。そして、私たちが平頂山事件の教訓から学ぶべき究極の目的は、自国の政府に過去の過ちを認めさせ、中国を初めとするアジアの人々と真の信頼関係を築くことにより、「政府の行為によって再び戦争の惨禍《さんか》が起こることのないようにすること」（日本国憲法前文）のはずである。

確かに、原告三名、弁護団と日本の支援者たちとは、一〇年の裁判を通して心を通じ合わせることができたかもしれない。撫順には、日本の弁護団や市民たちの平和を求める志と活動を理解してくれる少なくない友人もできた。しかし、その輪はまだあまりにも小さい。原告たちの要求を実現し、私たちの目的を達するためには、もっともっと多くの日中両国民が、平和を希求する心を通じ合わせ、信頼関係の輪をさらに大きく広げていかなければならない。

平頂山事件訴訟を通じた一〇年間の日中市民の心の交流は、そのためのほんの一歩に過ぎないのかもしれない。

「愛人主義」の勝利
――あとがきにかえて

駿河台大学教授　井上　久士

裁判に勝敗はつきものである。勝訴か敗訴かを争う。当たり前のことだ。そのかぎりで言えば、平頂山事件訴訟は敗訴であり、原告からみれば不当判決である。

だが原告も弁護団も支援者も悲嘆に暮れているわけではない。提訴から十三年、その間に莫徳勝さんはこの世を去った。関係者はみな年齢を重ねた。若手弁護士も中堅になった。しかしそれを除けば皆元気なのである。負け惜しみでも鈍感力を装っているのでもなく元気なのである。明るいのである。

なぜだろう。いくつかの側面から考えてみたい。

第一は、被害者である原告にとっての訴訟の意味だ。莫さんが来日された時、ご一緒する機会が何度かあった。法廷や証言集会で彼は自らのつらい体験を日本人に話した。なぜ自分が殺されなければならないのか――その理由さえわからないまま死んでいった肉親やまわりの人びと。あの日のことを語るのは彼にたいへんな精神的重圧を課しているのでないかと、私は考えていた。からだに障らなければよいが、そう思った。

しかし莫さんを見ていて、私は次第にあることに気付いた。それはあの出来事を話した後の莫さんは、かえって元気になっていたことだ。少なくとも私にはそう見えた。話すのはつらいことかもしれないが、それを真剣に聞いてくれる人がいること、共感してくれる人がいること、しかもそれが日本人であること、こうしたことが被害者の心の癒しになっていると思った。これだけでもこの訴訟をおこしたかいがあると、私はその時ひそかに思った。

おそらくこれは私ひとりの勝手な思い込みではないだろう。無意識のうちにこうした感覚は共有化され、今でも多くの人をつき動かしているのだと思う。

第二は国家や民族をこえた人命、人権の大切さという視点である。

莫さんは広島の原爆資料館を訪れた後で、「広島の被爆者も平頂山の犠牲者も同じだ」と語ったと人づてに聞いた。それは言い換えれば、どちらも許しがたい非人道的行為であり戦争犯罪だということである。莫さんはそれを直感的に見抜いたのである。

一方、日本人にとっても、沖縄戦や空襲や原爆で日本の民間人が殺害される前に、中国大陸で日本の軍隊が中国の民間人を殺害していたのだということを、直接の被害者を通じて具体的に知るということは新鮮で貴重な体験であった。

物事とは常に具体的である。侵略戦争とか軍国主義という概念がまずあるのではない。そこにある無数の事実の一端さえ知らないで、歴史用語だけをおぼえても本当の認識にはならない。木を見て森を見ないのは駄目だが、木を見ずに森ばかり見てもなかなか実感はわかない。平頂山事件の原告を通じて、われわれは歴史を具体的に、身近に、そして複眼的に見ることができるようになったのである。

沖縄や空襲や原爆の被害を語る前提として、日本軍が中国でおこなった加害を認識することではじめて、日本人は戦争の被害をアジアの人びとと共有できるようになるだろう。平頂山事件の被害者は、国家をこえた人命の大切さというごく平凡な、しかし絶対に譲ることのできない真実をわれわれに教えてくれたのだと思う。

第三に、平頂山事件は歴史上の知名度がきわめて低いという事情である。裁判を通じて多少は知られるようになったとはいえ、事件の名前さえ知らない人が今でも日本では圧倒的である。実は日本だけでなく、中国においてさえ南京大虐殺を知っていても平頂山事件を知らない中国人は多いのだ。だから裁判が終わったからといって、もう支援活動や資料の掘り起こしをやめてしまったら、事件は再び歴史の闇のなかに埋もれかねないという気持ちを皆が持っている。

そのうえ日本であまり研究蓄積がない事件なので、細部のよくわからないこともたくさんある。調べてみると新しい発見がある。楽しいのである。楽しいというと誤解をまねくかもしれないが、歴史のなかの秘密のベールをはがす醍醐味《だいごみ》があるのだ。専門の歴史研究者でなくても参加できる。それで平頂山事件研究会というものまでできた。

半世紀以上前、国民的歴史学運動というものがあった。民衆が自分の村や家族の歴史を調べて、それを日本の社会運動の糧《かて》にしようという政治性を含んだ運動であった。社会運動のために民衆の抑圧された歴史を調べようとしたと言ったほうがよいかもしれない。そこには国境を越えるという視点は乏しかった。

平頂山事件研究会がやっているのは、事件の研究を通じて日中両国の本当の相互理解を深めようとしているだけである。その点では、国民的歴史学運動とは全然違うのだが、市民による市民に開かれた歴史研究である点では共通性をもっている。私は二一世紀の換骨奪胎《かんこつだったい》された国民的歴史学運動の姿をそこに感じるのである。

だから裁判がいちおう終わったからといって、ではもうサヨナラとはならないのである。まだまだこの事件を広く深く掘り下げ、多くの人に広める仕事は残っているということなのだ。

平頂山事件の裁判と運動が残してくれたものは何だろうか。それは国境を越えた人と人のつながり、信頼関係ではないだろうか。私はそれを「愛人主義」とよびたい。私の造語であるが、決してふざけているのではない。民族主義や愛国主義を越えた、国家や民族にとらわれない文字通り人を愛するということである。

先日の中国・四川大地震の後、中国ではさかんに「愛心」ということが言われた。日本語で言えば、「思いやり」程度の意味である。地震の被害者に「愛心」をもつことは、人として自然な感情である。またそれは中国という空間に閉じ込められるものでもない。平頂山事件の裁判と運動を通じて獲得されたものも似ているように思う。

日本でも中国でもアジアでも「愛人主義」が共有化された時、日本と中国の、そしてアジアの新しい時代が始まるであろう。それは相手に寛容でありながら深い信頼で結ばれた大人の関係である。

平頂山から見えてきたもの、それは「愛人主義」の勝利である。

（中国・海口、海南大学宿舎にて、二〇〇八年六月一八日記）

／平頂山事件訴訟弁護団、撫順調査（２月20日～24日）／旧日本軍遺棄毒ガス砲弾被害事件第２次訴訟、東京地裁、敗訴判決（５月15日）／旧日本軍遺棄毒ガス砲弾被害事件第１次訴訟、東京地裁、勝訴判決（９月29日）／平頂山事件訴訟弁護団、撫順調査（11月29日～12月３日）

■2004　平頂山事件訴訟弁護団、撫順調査（２月８日～11日）／平頂山事件訴訟弁護団、昆明調査（10月22日～25日）／平頂山事件訴訟弁護団、撫順調査（11月６日～10日）／方素栄が来日（11月28日）、控訴審第10回口頭弁論期日で本人尋問（12月３日）、同日、井上久士・駿河台大学教授が証人尋問

■2005　楊宝山が来日（２月15日）、控訴審第11回口頭弁論期日（結審、２月18日）で意見陳述／平頂山惨案幸存者対日訴訟撫順市民声援団成立（４月５日）／平頂山事件訴訟弁護団、撫順調査（４月５日～７日）／７３１部隊・南京虐殺・無差別爆撃訴訟、東京高裁、敗訴判決（４月19日）／楊宝山が来日（５月12日）／平頂山事件訴訟、東京高裁、敗訴判決（５月13日）／莫徳勝が逝去（５月23日）／平頂山事件訴訟弁護団、撫順調査（６月17日～19日）／劉連仁訴訟、東京高裁、逆転敗訴判決（６月23日）／平頂山事件第１回国際学術シンポジウム（９月16日）／平頂山事件訴訟弁護団、撫順調査（９月15日～18日）

■2006　平頂山事件訴訟、上告理由書・上告受理申立理由書を最高裁へ提出（１月20日）／平頂山事件訴訟、最高裁第三小法廷、上告・上告受理申立棄却決定（５月16日）／平頂山事件訴訟弁護団、撫順報告（６月２日～５日）／平頂山事件第２回国際学術シンポジウム（９月16日）／平頂山事件訴訟弁護団、撫順調査（９月15日～17日）

■2007　平頂山事件第３回国際学術シンポジウム（９月16日）／平頂山事件訴訟弁護団、撫順調査（９月15日～18日）

■2008　平頂山事件訴訟弁護団、撫順調査（６月１日～３日）／平頂山事件第４回国際学術シンポジウム（９月12日予定）

■1994　永野茂門法相「南京事件でっちあげ」発言（5月3日）／第1次中国人戦争被害法律家調査団訪中（10月26日～31日）

■1995　第2次中国人戦争被害法律家調査団訪中（1月3日～18日）／銭其琛外相が「民間人の対日賠償請求について、政府は阻止することも干渉することもない」と発言（3月7日）／第3次中国人戦争被害法律家調査団訪中（3月31日～4月6日）／第4次中国人戦争被害法律家調査団訪中（7月6日～8日）／方素栄、日本大使館に「起訴書」送付（7月20日）／中国人戦争被害賠償請求事件弁護団結成（8月）／731部隊・南京虐殺・無差別爆撃訴訟、中国人「慰安婦」1次訴訟提訴（8月7日）

■1996　小野寺利孝・渡辺春己弁護士が方素栄に聴取（1月27日）／中国人「慰安婦」2次訴訟提訴（2月23日）／劉連仁訴訟提訴（3月25日）／平頂山事件訴訟提訴（8月14日）／旧日本軍遺棄毒ガス砲弾被害事件第1次訴訟提訴（12月9日）

■1997　平頂山事件訴訟弁護団、撫順調査（1月23日～27日）／莫徳勝が来日（3月12日）、第1回口頭弁論期日で意見陳述（3月14日）、各地で証言集会（3月15日～22日）／旧日本軍遺棄毒ガス砲弾被害事件第2次訴訟提訴（10月16日）／平頂山事件訴訟弁護団撫順調査（11月17日～22日）、旧紀念館で田廷秀遺族と面談聴取

■1999　731部隊・南京虐殺・無差別爆撃訴訟、東京地裁、敗訴判決（9月22日）／平頂山事件訴訟弁護団、撫順・昆明調査（11月20日～26日）

■2000　楊宝山（2月20日）・方素栄が来日（2月21日）、第12回口頭弁論期日で楊宝山・方素栄本人尋問（2月25日）、各地で証言集会（2月26日～3月4日）

■2001　劉連仁訴訟、東京地裁、勝訴（7月12日）／海南島戦時性暴力被害事件訴訟提訴（7月16日）／莫徳勝が来日（12月15日）、第19回口頭弁論期日で本人尋問（12月19日）、同日、芝池義一・京都大学教授が証人尋問

■2002　第21回口頭弁論期日（結審、2月22日）／楊宝山が来日（6月27日）／平頂山事件訴訟、東京地裁、敗訴判決（6月28日）／平頂山事件訴訟弁護団、撫順へ報告（6月29日～7月3日）／平頂山事件訴訟弁護団、「平頂山同胞殉難七〇周年公祭大会」に参加（9月14日～20日）

■2003　莫徳勝が来日（2月13日）、控訴審第1回口頭弁論期日で意見陳述（2月17日）

◇平頂山事件訴訟＝関連年表◇

■1894　日清戦争（～95）

■1904　日露戦争（～05）

■1905　関東総督府設置（06年に「関東都督府」）／南満州鉄道株式会社（満鉄）設立

■1919　関東都督府を関東軍と関東庁に分離／5月4日、北京・天安門前で3000人以上の学生が集まり、デモ行進をした＝五・四運動

■1922　楊宝山出生（9月21日）

■1924　楊玉芬出生（12月20日）

■1925　莫徳勝出生（7月3日）

■1928　方素栄（韓暁鐘）出生（6月2日）

■1931　柳条湖事件（＝満州事変、9月18日）

■1932　「満州国」建国（3月1日）／日満議定書調印・抗日義勇軍撫順炭鉱襲撃（9月15日）／平頂山事件（9月16日）／国際連盟で顧維鈞が日本を批判（11月24日）／日本政府、不正規軍・共産党員と日本軍との戦闘に巻き込まれて村が壊滅する被害が出たと発表（11月30日）

■1933　国際連盟脱退（3月27日）

■1937　盧溝橋事件（＝日中全面戦争開始、7月7日）／南京事件（12月）

■1941　太平洋戦争勃発（12月8日）

■1945　日本、ポツダム宣言受諾、無条件降伏（8月14日）

■1949　中華人民共和国建国（10月1日）

■1951　平頂山殉難同胞紀念碑建立、撫順で「平頂山惨案脱難同胞控訴座談会」、莫徳勝・方素栄が参加（3月29日）

■1956　方素栄、参観台で被害証言

■1972　日中共同声明（9月29日）

■1986　中華人民共和国公民出境入境管理法施行（2月1日）

■1989　ベルリンの壁崩壊（11月10日）

■1991　全国人民代表大会において、法学者・童増が「日中共同声明で放棄されたのは国の賠償請求であり、個人の賠償請求権は放棄されていない」とする建議書を提出（3月28日）／ソビエト連邦解体（12月25日）

平頂山事件訴訟弁護団

環　直彌（たまき・なおや）
1943年司法官試補、45年検事任官、50年弁護士登録、61年裁判官任官、86年弁護士再登録。リベルテ法律事務所所属。

高和直司（こうわ・ただし）
1980年弁護士登録。高和法律事務所所属。

坂本博之（さかもと・ひろゆき）
1995年弁護士登録。坂本博之法律事務所所属。

泉澤　章（いずみさわ・あきら）
1996年弁護士登録。東京合同法律事務所所属。

大江京子（おおえ・きょうこ）
1996年弁護士登録。東京東部法律事務所所属。

川上詩朗（かわかみ・しろう）
1996年弁護士登録。新宿法律事務所所属。

山田勝彦（やまだ・まさひこ）
1996年弁護士登録。青葉総合法律事務所所属。

穂積　剛（ほづみ・たけし）
1997年弁護士登録。みどり共同法律事務所所属。

平頂山事件とは何だったのか

●二〇〇八年 八 月一五日――第一刷発行

著　者／平頂山事件訴訟弁護団

発行所／株式会社高文研
東京都千代田区猿楽町二－一－八
三恵ビル（〒一〇一＝〇〇六四）
電話　03＝3295＝3415
振替　00160＝6＝18956
http://www.koubunken.co.jp

組版／株式会社WebD（ウェブ・ディー）

印刷・製本／株式会社シナノ

ISBN978-4-87498-409-3 C0021